中国人が日本を買う理由

中島 恵

日経プレミアシリーズ

プロローグ　富裕層が日本に移住する理由

厳しいロックダウンで「中国脱出」を決意

「上海の厳しいロックダウン（都市封鎖）を目の当たりにして、このまま中国にいたらどうなるんだろうと思うと恐ろしくなり、日本への移住を決意しました。引っ越したのは（2022年）5月。急いで衣服など身の回りのものだけを持って、東京にやってきたのです」

22年11月下旬。東京・新宿の中華レストランで、硬い表情で私にこう語ってくれたのは友人の紹介で知り合った29歳の中国人男性だ。

氏名や経歴など、詳細を明かすことはできないが、年収が数千万円以上ある富裕層だ。親から資産を受け継いだ富二代《フーアーダイ》（富裕層の二代目）ではなく、ネット関連のビジネスで成功し、わずか数年で大金を稼いだ。

アイドルのような端正な顔立ち、高級そうなジャケットに身を包み、ともに来日したという友人と二人で取材に応じてくれた。

日本人から取材を受けるのは初めて。しかも、事前に「中国脱出」に関する話を聞きたいと伝えていたためなのか、少し緊張していた。「名前も経歴も掲載しない、政治的なことも聞かない」と伝えたところ、多少は安心したようだった。

男性はこれまで旅行や仕事で何度も来日した経験があって日本を気に入り、20年に、たまたま東京・豊洲（江東区）にあるタワーマンションの一室（58平方メートル）を約7000万円で購入していた。現在は高層階の自室で美しい夜景を眺めながら、精神的に落ち着いた日々を送っている。

男性は、静かな口調で語る。

「中国のゼロコロナ政策が最も厳しかったとき、私は常に緊張していました。外出時、自分が立ち寄った建物で新型コロナウイルス（以下、コロナ）の感染者が出たら、私も隔離の対象になって、どこに連行されるかわかりません。自分の人権や自由が一瞬にして奪われるかもしれない。そう思うと、いても立ってもいられなかった。

離れて暮らす母親は風邪で高熱が出ても誰にもいえず、薬を飲んで、一人耐えたそうです。ロックダウンの影響で、北京や上海では収入が激減して不動産のローンを返せず困っている知り合いが何人もいます。この重苦しい空気が漂う中国から何とかして脱出したい。その一心で、半ば衝動的に、日本に移住することにしました」

法律が通用しない、だからこの国は怖い

20年からコロナの感染が拡大し、21年頃から厳しいゼロコロナ政策をとっていた中国政府は、22年春、国民に「无必要不出国《ウービーヤオブーチューグオ》」（必要のない出国は禁止）を通達した。同年に中国を出国した複数人の証言によると、たとえ正式に発券された出国ビザと航空券を持っていても、イミグレーション（出国審査）の係員から意地の悪い質問をされ、場合によっては出国させてもらえない、という「異常事態」が起きていた。

事実、私の友人は、出国審査の列に並んでいたとき、すぐ前の女性が係員と怒鳴り合いのケンカをした挙げ句、泣く泣く引き返したところを目撃した。その友人はこう解説する。

「中国語で『層層加码《ツァンツァンジアマー》』といいますが、たとえば中央の指示が1回なら、その下は2回、さ

らにその下は3回というように、下へ行けば行くほど、どんどん（締め付けは）厳しくなります。出国審査の（現場）係員が意地悪をして出国させない、ということが本当に起こるんです。

ロックダウンのとき、マンションの住民に最も近い居民委員会（大きな町内会のような住民の自治組織）の担当者が、最も住民に厳しく対応したのもそうした理由です。いちばん下の人に強い権限が与えられる。こちらが法律など正当な理由を持ち出しても、中国では通用しない。何をされるかわからない。だからこそ、この国は怖いのです」

豊洲に移住した男性も、「無事に出国審査を通過して、飛行機が飛び立ち、中国の大地を離れたときには、正直、ホッとしました」と話していた。

彼は、3年もの間、中国政府のコロナ政策に翻弄され、身も心も疲れ果てていたが、隣国の日本ではコロナ禍でも社会の秩序は保たれ、人々が各自の判断で動き、落ち着いた生活を送っている、と感じた。

そこに自分も身を置くことができ、いまは信じられないほど快適な毎日だという。古くからの仲間がそばにいない寂しさはあるものの、日本にも美味しい中華（料理店）があるし、ネットでは常に中国とつながっていられる。

日本の生活にはストレスがない

都内の不動産事情に詳しい中国人の友人によると、彼が住む豊洲は、白金や虎ノ門、麻布などと並び、中国人、中でもホワイトカラー層に、最近とくに人気が出ているエリアだそうだ。

有楽町線の豊洲駅で降りると、大手企業が入居するオフィスビルのほか、駅から数分の距離に複数のタワーマンションがそびえ立っている。

在日中国人をターゲットにしていると思われる本格的な中華料理店も増えている。その一つ、この男性もよく

中国人が増えている東京・豊洲（筆者撮影）

通っていると話していた中華料理店『串門』には私も行ったことがある。

豊洲には他にもいわゆる「ガチ中華（中国の味を日本風にアレンジせず、そのまま提供している中華料理）」の店が数軒あり、近隣に住む中国人客が押し寄せ、賑わっている。

彼が住むタワーマンションは1000戸以上あるが、そこに200人以上の中国人が住み、彼らによって構成されたウィーチャット（微信《ウェイシン》、中国のSNS）のグループがある。そのチャット画面は、まさに中国でよく見かける団地の住民同士のグループチャットそのものだった。

近隣の飲食店情報や、ゴミの出し方など日本での生活指南、別の不動産物件情報などが中国語でシェアされていて、困ったことがあれば、何でも教えてくれるそうだ。

男性の仕事は中国向けのビジネスだが、パソコンさえあれば世界中どこでもできるので、中国にいるときと生活はさほど変わらない。

彼のSNSを見ると、北海道や京都、韓国旅行をした写真なども投稿している。最近では、リゾートホテルや温泉旅館を満喫する余裕もできたという。

会話が弾み、リラックスしてきたところで、改めて東京での生活について聞いてみると、こんな答えが返ってきた。

「正直、日本人はお行儀がよく、ときどき窮屈に感じることもありますが、街が静かで落ち着いているのがいいですね。タクシーに乗る機会が多いのですが、高齢の運転手が多くて驚きます。

移動の便利さを考えると、運転手を雇いたいと思いますし、いずれは東京タワーがよく見える別のマンションも購入したいですね。

タクシー料金以外、日本の物価はとても安いと感じます。支払いはほとんどクレジットカードなので、中国にいるときと同じく現金を使うことはありません。ストレスのない生活が送れる日本に来られて本当によかったです」

10年で「経営管理ビザ」の取得者は3倍に

この男性のように、コロナ禍以降、日本への移住を決意した中国人は少なくない。この男性はビジネスビザで入国し、就労ビザに切り替えたが、近年、日本に移住する富裕層は、「経営管理ビザ」を取得することが多い。

自身も中国から来日し、東京・駒込で20年以上、行政書士事務所を開く張建紅氏によると、「経営管理ビザとは、日本において貿易、その他の事業の経営を行い、または当該事業の管理に従事する活動のための在留資格」だそうだ。

同ビザは15年4月に「投資経営ビザ」から名称変更された。在留できる期間は5年、3年、1年、6カ月、4カ月（または3カ月）の5種類ある。出入国在留管理庁によると、21年に同ビザを取得した中国人は1万3748人。22年は6月までの半年で、すでに1万4615人となっている。

10年前の12年は4423人だったが、「爆買いブーム」が話題となった15年の8690人以降、17年は1万2447人、19年は1万4442人と増えていった。

張氏も「この10年間で経営管理ビザの取得者は約3倍になり、日本で事業をしようとする中国人が増えたことが表れています」と話す。

張氏の事務所をはじめ、中国人や日本人の行政書士事務所には、中国からの問い合わせが増えており、「マンションを10戸購入すれば、経営管理の在留資格が得られるか、などの打診もあります」（同）という。

在日中国人が経営する不動産会社の多くは、特定の行政書士と業務提携し、顧客に対してビザ取得に関するサポートを行っている。来日を希望する人は、ビザの取得と不動産取得をほぼ同時進行で行うからだ。ただし、張氏は「自身が持つ背景を軸にした分野で事業を組み立てないと、場合によっては、在留資格の更新ができないケースもあります」と話す。

文句のつけようのない理想の移住先

私の取材によると、多くの中国人は、カナダやイギリス、シンガポール、マレーシアなどへの移住を希望する傾向がある。いずれも移民の受け入れ実績が多く、英語が通じたり、中国人が多数住んでいたりして、言葉の問題が比較的少なく、子どもの教育上での問題も少ないことが理由だ。

だが、ある在日中国人不動産会社の担当者はいう。

「カナダやイギリスは英語は通じるものの、中国から遠くて、冬は寒い。シンガポールは中国語が通じるけれど生活コストが高い。

その点、日本は近いし、（生活コストが）安い、（子どもが一人で外出しても）安心、安全。食事も安くて美味しく、コスパがいい。政治的、社会的に安定していて、空気もいい。日本は三拍子どころか五拍子、六拍子も揃っている、本当に理想的な移住先です。すべての面において日本は文句のつけようのない、世界でも最高の場所。

それに、中国以外では漢字を使っている唯一の国なので、日本語を勉強したことがなくても、標識や看板をある程度理解できますし、顔つきも似ているので街に溶け込みやすく、緊張感が少ない。気候風土も似ています。

その上、不動産の利回りも安定しているので、日本にいくつかの不動産を持っていれば、働かなくても定期的な収入が得られます。

このように、さまざまな要素を考慮した結果、ここ数年、日本に移住したいという人が増えているんですよ」

多くの中国人が、自国の行く末を強く懸念

22年に、アリババグループ元CEOの馬雲（ジャック・マー）氏が約半年間、滞日していると大きく報道された。報道によれば、馬雲氏は家族とともに来日。住まいは不明だが、常

に複数のボディーガードに囲まれ、専属料理人や運転手なども雇用していたという。東京・銀座や丸の内にある中国人富裕層専用の会員制クラブで多くの人と密かに面談していたとも噂された。

ソフトバンク創業者・取締役の孫正義氏が所有する箱根の別荘や、関東近郊のスキー場などにも足を運んでいたといわれているが、街を一人で散歩する自由はなかったようだ。

馬雲氏がなぜ東京に滞在していたのか。

さまざまなメディアで憶測が飛び交ったが、確たる理由はわかっていない。しかし、20年、アリババ傘下のアントグループの上場が延期となり、政府のネット企業への監視が厳しくなったことと無関係でないことは明らかだ。

馬氏の居場所はその後、転々と変わっているが、ほかにも、中国の大手企業の幹部や有名メディアの元編集長、富裕層などが続々と日本に移住してきている。

彼らのように政治と深く関わる特権階級の人を除き、冒頭の男性のような〝一般人〟が日本を目指している理由の一つは、あまりにも厳しすぎた中国のゼロコロナ政策やロックダウンだった。

北京、深圳、広州、西安など数多くの大都市がロックダウンされ、その影響で物理的、精神的なダメージを受けた人が多かった。

中でも、最も期間が長かったのが、22年3月末から5月末まで実施された上海のロックダウンだ。東京都の2倍近い約2500万人もの人口を抱える上海で、人々は自宅マンションから出ることを厳しく制限され、食料不足問題も噴出した。

一部のマンションでは抗議活動も起き、コロナ以外の病人が病院に救急搬送してもらえずに命を落としたりするなど、数えきれないほどの悲劇があった。

中国で最も経済発展している上海で、ここまで厳しいロックダウンが実施されたことに、多くの中国人は衝撃を受け、国の行く末に強い懸念を抱いた。

とくに富裕層の中には「どんなにお金があっても、この国にいる限り、解決できない問題が多い。いつ、どんなひどい目に遭うかわからない。これまで努力して築き上げた財産を一夜で失うかもしれない」という不安や恐怖にさいなまれる人が多かった。

「移民する」「逃げる」の隠語が流行語に

　私にとって上海は中国で最も友人が多い都市だ。自由を謳歌し、意識が高く、開明的な彼らが、情報をSNSで拡散しようとしても検閲で削除され、怒ったり、悲しみに打ちひしがれたりする姿を見て、彼らの精神状態はどこまで持つのだろうかと心配した。

　そんな中、中国各地で、ある事柄をネットで検索する人が急増した。それは「移民」に関連する言葉だ。中国メディアによると、上海のロックダウン中、中国の大手検索サイト「百度《バイドゥ》」で「移民」関連のワードが急上昇した。

　中国ではセンテンス（文）で検索する人も多く、ある週は、「カナダに移民する条件」での検索が前週比2846％増、さらに「出国するならどの国がいいか」が同2455％増だった。これらの文で検索した人が最も多かった都市は、もちろんダントツで上海市だった。

　22年4月上旬のある日、「移民」関連の検索が5000万回を超え、大きな話題になった。

　私自身も、その頃、中国で「潤《ルン》」（run）が流行語になっていることを知った。「潤」とは「湿っている」「光沢がある」「利益」などの意味だが、英語の「run」（ラン）と同じスペルであることから、「逃げる」「ずらかる」「移民する」などの意味でも使われる。

たとえば、「あなたは〝潤〟する予定ですか?」のように使う。さらに「潤学《ルンシュエ》」ともいう。「留学」に引っ掛けて「潤」(移民)して学ぶ、という意味となる。上海のロックダウン以降、富裕層に限らず、中間層の間でも、「移民」や「海外移住」は最もホットなトピックになった。

同時期、やりとりをした上海の友人も「これからきっと移民する人が急増すると思いますよ。周囲でこの件について話している人がとても多いから」と語っていた。事実、移民仲介会社には問い合わせが殺到したというニュースも飛び交った。

別の上海の友人は、「一般企業に勤務する中間層の友人は、上海生まれでマンションを2戸持っています。彼はロックダウンの前に、そのうちの1戸を売り払って、日本に引っ越すことに成功しました」と話していた。

日本移住に成功したこの人は運が良かったようだ。ロックダウン下の上海では、同様に住居を売却し、海外移住を望む人が非常に多かった。そのため、マンションが希望価格で売れなかったり、移民仲介会社にお金をだまし取られたりして、移住に失敗した人もいたそうだ。

彼らが日本の不動産を購入する手法

彼らが日本への移住を決意する理由はロックダウンだけではない。21年夏から始まった共同富裕（ともに豊かになる、という政府のスローガン）の影響もある。

共同富裕は経済成長によって生じた格差の是正を目的とし、とくに政府によってアリババやファーウェイといった大手ＩＴ企業への締め付けが強化されている。

富裕層や芸能人に対しての目も厳しくなり、不正蓄財をした人の摘発、財産没収や資産凍結が始まる、との噂が飛び交った。そうしたこともあり、何らかのルートを使って資産を外国に持ち出す人や、自身と家族を守るため、移住を決意する人が増えている。

23年初め、日本に移住した40代の富裕層の男性から、間接的に話を聞くことができた。

「私にはそれほど多くの財産があるわけではないですが、できるだけ早く、安心できるところに財産を移しておきたいと思ったのです。

中国の銀行から5万元（約１００万円）以上を引き出す場合、使途を明記しなければならず面倒なのですが、やり方はいろいろあります。

たいていの富裕層は以前から香港に銀行口座を持っています。香港から日本の不動産仲介会社に送金することは可能ですし、香港以外の国にも口座があれば、そこから日本に送金することもある。たとえばフィリピン、カナダなどから送ることもある。さらには地下銀行や仮想通貨を使う人もいます。

ほかに、信頼できる在日中国人に何らかの方法で送金し、そこからキャッシュで、一括払いで不動産を購入することもあります。危険を冒して協力してくれる在日中国人にも手数料を払います。日本在住という利点を活かして、こうした仲介で小金を稼いでいる在日中国人もいます」

この男性、以前は投資のために日本のマンションをいくつか購入していたが、「日本語もわからないし、本格的な移住には躊躇していました。でも、だんだん中国にいることが怖くなってきて、家族とも話し合い、距離が近い日本への移住を決めました」という。

そのうえで、「都内でマンションや一軒家を見て回ったのですが、日本のマンションはキッチンに窓がないことが多く、キッチンとリビングが近くて、たくさん油を使う中華料理を作るのに不向きだし、建売りの一軒家はとても狭い。そこで土地を購入し、設計から携わり、自分好みのデザインや間取りの広い一軒家を建てました。

　日本はデリバリー文化が発達していないので、ちょっとした買い物も自分でしなければならないのが不便ですが、家政婦や運転手も雇えますし、徐々に慣れていこうと思います。私はこれまで世界中を旅行しましたが、総合的に考えると、日本ほど住みやすい国は世界のどこにもない。私はそう断言できます」と語る。

「日本買い」の背景に何があるのか

　日本への移住者に聞くと、中国で暮らすことの心配は、子どもの教育、医療、老後、情報統制などの身近な問題のほか、米中対立や台湾問題、国内政治の不透明さなど、多岐にわたっていた。

　あとにも詳述するが、私が意外だったのは、彼らが日本で不動産を買う目的として「老後の不安」を挙げていたことだ。比較的若い人でも、「老後、どこに住めば精神的に落ち着いて生活できるか」を真剣に考えていた。医療問題とも関連するが、中国では、いくらお金があってもよい老後を送れないのではないかと考え、悩んでいたのだ。

そして、彼らが最も懸念しているのが「中国の不安定さ、先行きの不透明さ」だ。

本書を執筆していた2023年2月、ある中国人女性が沖縄県の無人島を購入したという動画をSNSにアップして大きな話題を呼んだ。

日本では、主に安全保障上の懸念から、日本の不動産を買う中国人が話題となり、「日本を乗っ取ろうとしている」と報道されることがあるが、彼らの多くは、安心、安全な日本で生活したいと願っている、あるいは急成長の時代が終わり、強権体制の締め付けが厳しい中国よりも、日本のほうが新たなビジネス機会を見つけられる、と考えているだけで、政治にはほとんど興味がない。

また、最近は日本のモノや企業を買う中国人が増えていて、「安いニッポン」のキーワードとともに憂慮する日本人も多い。

この点については、第6章で述べるように、日本には中国には「ない」ものや「実現できない」ものがあり、それを高く買ったり（評価したり）、一人の人間として、日本で自分のささやかな夢を実現し、幸せになりたいと願っている、という側面がある。

むろん、ビジネスとして日本企業を買収するのも、日本企業にそれだけの価値があると彼らが考えているからだ。

日本に住んでいると、国内のネガティブな面にばかり目が向きがちになるが、社会の安定という点で見れば、日本ほど落ち着いていて、自分の人生を政治と関係なく生きることができる国は他にない、と中国人は口を揃える。

本書では、日本で誤解されがちな中国人の「日本買い」の背景に、中国側のどんな事情が隠されているのか、彼らの日本に対する思いや経験とともに、中国の現状も紹介したいと思う。

彼らの「日本論」に透ける中国の現状

コロナ禍以降、中国国内に住む中国人の取材は、基本的にリモートで行ってきた。

22年3月に出版した『いま中国人は中国をこう見る』(日経プレミアシリーズ)の取材は、政治的にかなり敏感なテーマを取り扱った。中国やアメリカ、さらに日本に住む中国人の協力により、中国人がいまの中国についてどのように思っているのか、政治や経済、社会について、ほぼ実名なしで紹介した。

だが、22年秋、習近平国家主席の3期目が確定した頃から、中国社会を取り巻く空気はより一層、重苦しくなった。

コロナ禍を経て、人々は自由に外出できるようになり、街は再び活気を取り戻しているが、政治的な問題は、以前にも増して語ろうとしなくなった。

もしSNSでのやりとりがネット検閲に引っかかれば、彼らは数日間アカウント停止になる危険があり、その責任は、彼らにそうした質問を投げかけた私も負うことになる。

本書では、彼らが自国と比較して、日本の社会、暮らしをどう評価しているのかについて話を聞いた。彼らとの合意により、登場人物の一部を実名で、一部は仮名などで掲載した。

彼らが語る率直な日本論に耳を傾ければ、そこから中国の現状を垣間見ることができるだろう。そして、私たちの国、日本について私たちが考え、よりよい国にしていく一助にもなるのではないかと思う。

目次

プロローグ　富裕層が日本に移住する理由　3

厳しいロックダウンで「中国脱出」を決意
法律が通用しない、だからこの国は怖い
日本の生活にはストレスがない
10年で「経営管理ビザ」の取得者は3倍に
文句のつけようのない理想の移住先
多くの中国人が、自国の行く末を強く懸念
「移民する」「逃げる」の隠語が流行語に
彼らが日本の不動産を購入する手法
「日本買い」の背景に何があるのか
彼らの「日本論」に透ける中国の現状

第1章　安心できる国、不安になる国

日本のコスパは世界一
「高いものほど、いいものだ」はメンツの問題？
生卵を食べる人が急増
反日デモの最中に、こっそり来店
北京で人気の「二郎系ラーメン」は映えスポット
政治に強制されない生活——日中最大の違い
厳しい強制と罰則が必要な理由
安定した社会、安心して暮らせる国
「戸籍のない子」が、自己実現できたのは日本のおかげ
機会不均等な社会主義国の矛盾
「偉い人のほうが腰が低い」に驚く
とにかく、お金がなければ話にならない

第2章　留学、起業、そして……彼らが日本を選ぶ理由……61
「安、安、安」の留学先、日本
中国で美術大学に進学するのは至難の業
現役のアーティスト、クリエーターから学べる魅力
なぜ早稲田大学は中国人に人気なのか
米中対立で、日本を目指す優秀な学生
1年でも早く、日本を経験するのが大事
料理人を志望するなら、日本の専門学校へ
業界人は、高学歴エリートより「手に職」系
専門学校は日本の強み
にわかに高まるインター熱の背景にあるもの
日本にいながら英国式教育を受けられる
就職先が倒産、起業し、年商35億円
中国人であることが仕事の上でプラス・イメージに

第3章　日本のビルは、上海のマンション1室の価格 ………… 97

中国系企業に勤めながら、都内で不動産を買う理由
アルバイト感覚で不動産業を始める在日中国人
物件内覧で日本人業者の気遣いに感心する
「日本は外国人の不動産購入に、規制があまりないですから」
7000万円、上海で買えるマンションは25平方メートル
熱海で最高級クラスの温泉ホテルも中国資本
スキーができないのにニセコを訪れる人々
「土地の買い占めで、日中関係を悪化させないでほしい」
抜群なロケーションにある残念なホテル
とにかく現金以外の資産に分散させたい
外国人に貸してくれない、ならば買うしかない
中国の医療体制への不信感
手術前の「付け届け」は減りつつある
玄関に置き去りの患者、優遇されるVIP患者

特権階級だけが受けられる特別な医療
外国人にも親切、丁寧な医療を提供する日本

第4章 中国人を悩ます母国のモーレツ主義……133
深夜でも休日でも、お構いなしの電話
「できるだけ」は許されない、「絶対に」だ
「終生社畜」にだけはなりたくない
豊かな暮らしには、社内闘争にも勝利が必要
中国で働いていると忘れる日本の長所
「スーパーの肉や魚に目を奪われ」日本永住を決意
利便性を考慮せず設計される社会インフラ

第5章 「日本式おもてなし」の危機……151
「購入しない客」とわかった途端に豹変

本当に深刻な日本の人材不足……
マニュアルに固執、融通が利かない
深夜12時、ホテルスタッフが女性二人の部屋に侵入
「日替わりランチが答えられない」の意味
この国を支えるサービス業への不安

第6章　日本人が知らない、日本文化の底力……………………165

人間として住みやすいのは、断然、日本
都市と地方の格差が少ない
地元の山、川に対する愛着は、日本ならでは？
日本と中国、校歌事情は大きく違う
子どもに家事を手伝わせない理由
ピアノはプロを目指す人だけが習うもの
中国の地方では、有名美術品に触れる機会がない
過疎化の不安と観光資源の魅力

4000年の歴史の中国で、なぜ老舗が少ないのか
キャンプもスキーも日本に学べ！
中国人が憧れる日本のカリスマ美魔女
農機具の使い勝手のよさに感嘆する
日本代表の躍進に歓喜、そして反省
パスポートの威力でわかる、その国の信用蓄積
派手な結婚式は日本のバブル仕様?
羽生結弦選手の「儀式感」に熱狂する
中国の鉄道は、ファンにとって未開拓の市場
中国の鉄ヲタが、日本を楽しむとき

エピローグ　豊かになった中国人は幸せか　205

中国人の知人から聞いた恐るべき噂
ますます息苦しくなっていく母国を嘆く

お金はあるけれど、幸せそうには見えない人々
「真の先進国になれる日は遠い」
「日本は漢方薬のようなもの」の真意

あとがき　217

・中国語の一部には中国語読みを、日本語読みが適当な場合は日本語読みのルビを振った。
・為替相場は1元＝19円（23年2月時点）に統一した。

第　1　章

安心できる国、不安になる国

日本のコスパは世界一

２０２２年12月、東京駅の地下街。久々に来日した男性、王偉氏はランチタイムにたまたま入った和食店で好物の刺身定食を注文した。新鮮なマグロ、ハマチ、イカの盛り合わせに白飯と漬物、味噌汁で１１８０円。王氏はいう。

「上海でこのレベルなら１００元（約１９００円）か、それ以上します。しかも、これほど鮮度はよくない。最近は上海でも美味しい日本料理店が増えていますが、そういう店は高いので毎日は行けません。

上海の日系回転寿司チェーンでは1皿最低10元（約１９０円）です。日本で1皿１００円でなくなったことがニュースになったそうですが、それでも上海よりずっと安くて美味しく、ネタの種類も多い。

日本国内の物価が海外ほど上がらず、円安の影響もあって〝安いニッポン〟問題が話題になっていることも承知していますが、海外から日本に来ると、食べ物は本当に安くて、美味しくて、とにかくコスパがいい。高級店を除き、私はどこに行っても３０００円の食事で十分満足できますよ。

日本人は意識していないかもしれませんが、これだけ質が高くて美味しいランチが、平均的な所得の人でも手が届く。しかも大きなハズレがなく、お店の人から騙される心配もない。こんな国は世界中、どこにもない。日本人は本当に幸せです。コスパのよさは食べ物以外でも、日本のすべてに当てはまります」

中国には安くて美味しい中華料理がいくらでもあるので、日本で食べる日本料理について中国と比較するのはおかしいという意見もあるだろう。

だが王氏は、「もちろん上海の中華は最高ですが、料理のジャンルを問わず当たりハズレが大きいし、農薬など食材の安全性も心配です。中国の場合、値段が高ければ安全性に問題がないかというと、必ずしもそうとはいえないので……。

そして日本は中華も安い上に以前より味も良くなっている。フランス料理だと、中国は日本の2倍以上のお金を出さないと、日本と同レベルの料理は食べられません。パンやケーキ、コンビニで売っているお菓子のクオリティも、めちゃくちゃ高い。

日本はまさに食の天国。とくに日本料理が恋しくて、中国ではいま空前の日本食ブームが巻き起こっているんです」という。

中国人が豊かになり、海外の料理もどんどん食べるようになったことも関係あるが、日本食ブームの背景にあるのはコロナ禍だ。日本旅行に行きたい、でも簡単に行けない。その結果、中国国内で日本料理店が急増しているのだという。

日本国内と比べるとコスパは悪いが、「せめて日本の雰囲気だけでも味わいたい」という人が多いのだそうだ。私は半信半疑ながら、現地の知り合いに話を聞いてみることにした。

「高いものほど、いいものだ」はメンツの問題？

上海市の中心部、徐家汇《シュージアホイ》地区。古くからある地元のショッピングセンターに入る焼き肉店は日本風の内装で、カルビやタンなどのメニューを取り揃え、若者やファミリー層で賑わっている。価格帯はセットで一人前約４００元（約７６００円）。上海にしてはリーズナブルだと好評だ。しかし、提供されるのは主に豪州牛だ。

日本でかつてＢＳＥ（牛海綿状脳症）が発生した影響で、中国では20年以上前から日本からの牛肉の輸入を禁止している。裏取引で出回っているという話も聞くが、基本的に、中国で食べられるのは豪州牛などがメインだ。

その焼き肉店に定期的に通っているという上海在住の友人は「最近、日本風の焼き肉店が増えて質も上がりました。でも、私は日本で食べた焼き肉の味が忘れられません」という。

この友人は「豪州牛でも美味しい焼き肉はありますが、値段は高いのに和牛のように舌の上で溶けるような柔らかさはありません。中国には世界的に有名なブランド牛もない。高くてもいいから、早く日本に行って和牛を堪能したい」と話す。海外で日本のブランド牛は「ＷＡＧＹＵ」（和牛）と呼ばれ特別視されているが、それは中国でも同様だった。

日本風の居酒屋も中国全土で、猛烈な勢いで増えている。

内陸部の湖北省武漢市。日本留学を経て、数年前からこの都市で働く30代の中国人女性がＳＮＳに「ここは日本？」と思うような居酒屋の写真を載せていた。

店外には縄のれんと赤ちょうちん。店主が書いたメニューには、鶏のから揚げや揚げ出し豆腐、枝豆などが並ぶ。

数十年前から中国にも日本風の居酒屋はあり、珍しくなかったが、以前は日本人駐在員向けが中心だった。出店場所も日本人が居住する地区などが多く、味の面では日本とは比べ物にならなかった。

だが、この女性がいうには、「（最近は）味もかなりイケます。（中国でも人気の）日本のテレビ番組『深夜食堂』などの影響で、こだわりの居酒屋やラーメン店が増えている」そうだ。

中国のグルメサイト『大衆点評《ダージョンディエンピン》』によると、18年に4万店だった中国の日本料理店は、21年には8万店と倍増した。サイトを見ると、ラーメン店やお好み焼き店なども、広い範囲で日本料理とされる。

上海在住歴が長い日本人経営者にも話を聞いてみた。

「確かに日本料理ブームといって差し支えありません。食材もかなりよくなっています。回転が速くなっていることが関係していると思います。

でも値段もとても高い。主観では、上海で少し贅沢な日本料理はコースで600～800元（約1万1400円～1万5200円）。もう少し高級だと1200～1500元（約2万2800～2万8500円）。さらに高い店では2000元（約3万8000円）以上ですが、高級店に日本人はほぼいません。高級店に足を運べるのは中国人富裕層だけです。中高年だけでなく富裕層の子息など20～30代も行くそうです」

私自身も、在日中国人経営者から、「上海の富裕層の知り合いが接待で使う日本料理は一人3000元（約5万7000円）以上」と聞いたことがある。日本人経営の店もあるが、その多くは中国人経営の店だ。

中国ではメンツの関係から、値段が高いほどいいものなのだ、といった風潮がある。そのため、料理にエディブルフラワーをちりばめたり、ドライアイスを置いたりして見た目も華やかにし、値段を吊り上げることもある。

しかし、訪日体験のある中国人ならば、「日本なら外見をそんなに飾らなくても、質が高くて、コスパのよいものがたくさんある」と知っている。考えてみると、日本では多くの店が幅広い中間層をターゲットにしたリーズナブルな価格設定にしていて、クオリティも一定以上。むろん食材の安全性については心配することがない。

生卵を食べる人が急増

15年〜19年頃の訪日旅行ブーム（爆買いブーム）などの影響で日本料理の味を覚えた人が増え、関連情報が増えたことも、「日本料理ファン」あるいは「日本ファン」を増やしている要因だ。

北京市内、大使館や日系企業などが立ち並ぶ麦子店《マイズディエン》というエリアで日本料理店『蔵善《くらぜん》』を経営する小林金二氏も、数年前から中国人客の〝ある変化〟を感じるようになった。

「当店のすき焼きランチは98元（約1860円）ですが、ここ数年人気で、生卵をつけて食べる中国人が増えました。先日来店した6人組のお客さんは全員、刺身に卵の黄身をのせた158元（約3000円）の海鮮丼を注文したのですが、黄身はいらないといったお客さんは一人だけでした。

北京のスーパーで生食用の卵が販売されるようになったり、SNSの動画で日本の料理や食習慣を見たりした影響もあるでしょう」

小林氏は90年代から北京の日本料理店で総料理長などを務め、北京在住の日本人の間で有名な存在だが、同店の顧客の9割は中国人だという。

「最近は若年層が増えていますが、実業家や経営者が主な中高年層は、高くてもいいから、とにかくうまいものを食べさせてよ、と注文します。一人1000元～2000元（約1万9000円～3万8000円）のおまかせコースが人気です。中国人もOMAKASE（おまかせ）と日本語でオーダーします。彼らは日本酒にも詳しくて、最近では『獺祭《だっさい》純米大吟醸 磨き二割三分』などを注文する人が増えています」

反日デモの最中に、こっそり来店

小林氏によると、10年前と比較して、北京でも日本食を出すレストランが数倍にまで増加した。その人気を支えているのが日本酒ブームだ。

農林水産省が23年2月に発表した前年の農林水産物と食品の輸出額は約1兆4000億円を超え、10年連続で過去最高を記録したが、輸出国・地域のトップは中国だった。

とくに中国で需要が大きいのが日本酒、ウイスキーなどの酒類だ。日本市場の縮小、中国人富裕層の需要があり、日本酒造組合中央会によると、蔵元の約7割が熱心に輸出に取り組んでいるという。

上海の友人によると、「最近の若者は強いお酒（白酒《バイジウ》）を好まず、外国、とくに身近な日本のお酒をカッコいいと思うようになった。日本酒の一升瓶を並べて写真に撮り、SNSに載せることも流行っている」という。

小林氏は、「顧客の多くが数年以内に日本旅行を経験しており、日本を懐かしんでいる」という。来店客の話題に上るのも「(次は)いつ、日本に行けるのだろうか」だ。「コロナ禍で3年以上日本に行くことができず、うずうずしています」と小林氏に話しかける人もいる。「12年の反日デモの最中、『日本に行ってきたばかりだけれど、また食べたくなっちゃって……』と、こっそり食事に来てくれたお客さんもいました。

当時、北京で行われたコミケ(コミックマーケット)に出店して、普通の太巻きに〝恵方巻〟とネーミングしたところ、若者によく売れました。アニメで見てその謂《いわ》れも知っており、楽しそうに同じ方向を向いて丸かじりしていました。昔から日本ファンは一定程度いたのですが、コロナ禍で日本に行けなくなって以降、日本愛が募った人が増えた。その数は確実に増えている印象です」。小林氏はそう語る。

北京で人気の「二郎系ラーメン」は映えスポット

『蔵善』の近くに、二郎系ラーメン店『ラーメン荘 夢を語れ北京』がある。外観が日本の町中華のような店には、北京在住の中国人が多く来店し、週末には行列ができる。

北京の若者に人気の二郎系ラーメン（小田島和久氏提供）

二郎系ラーメンとは東京・三田にある『ラーメン二郎』の影響を受けたラーメンのことで、豚骨ベースのスープに極太の麺、大量の野菜、分厚いチャーシュー、ニンニクや豚の背脂などがのっているのが特徴だ。

中国には熊本の『味千ラーメン』や福岡の『一蘭』など日本のラーメン店が進出しており、中国人の間でラーメンは身近な存在となっている。

中国人と共同で同店を運営する小田島和久氏によると、16年にオープンした際、当初は日本人客が多かったが、次第に中国人が増えていった。

「日本人に連れられてきて、店を覚えてくれた」と小田島氏はいう。顧客は20〜40代の男女が多く、男性は数人連れ、女性は一人か二人で食べに来る人もいるという。

来店者の共通点は主に3つ。何らかの体験があって日本好きな人、留学や旅行で日本のラーメンを食べたことがある人、日本のアニメなどサブカルチャー好きな人たちだ。

日本の二郎と同じ味で感激した、といって中国の斗音《ドウイン》（ショート動画のSNS）に食べている様子を投稿する人もいて、それを見た人が来店するというサイクルで口コミが広がった。中には四川省など遠方から、わざわざ食べに来る顧客もいるという。

『大衆点評』に投稿された顧客コメントを見ると、味もさることながら、「店内が日本のラーメン屋さんの雰囲気でうれしい」「まるで日本にいるようだ」と内装に対する書き込みも多い。

店内にはカウンター席とテーブル席があり、壁に無造作に貼られた昭和風のビールのポスター、赤いテーブル、丸椅子なども、日本の懐かしいラーメン店のような雰囲気を醸し出し、若者にとって〝映えるポイント〟になっている。

メニューを見ると、二郎系ラーメンの「並」は58元（約1100円）、「ミニ」は45元（約

855円)。「並」は1キログラムくらいの分量になるため、女性同士ならシェアして食べることもあるそうだ。

政治に強制されない生活――日中最大の違い

コロナ禍で日中間の往来は大幅に減った。コロナ前の19年の訪日中国人観光客は約959万人だったが、22年は約18万9000人にまで減少。一時は航空路線が大幅に減少し、航空券も高騰した。

お互いに現地に足を運べるのは、親族がいる人、企業派遣の駐在員などごく一部に限られるようになった。

報道やSNSの情報量は10年前よりはるかに増えているが、一方でコロナ禍以降、報道やSNSでしか、お互いの様子を知る術《すべ》がなくなった。

22年9月、「ようやく来日できました」という北京出身の張燕氏と都内のカフェで会った。張氏はかつて日本に住んでいたことがあり、日本の事情にも詳しい。さっそく各地を旅行して回る張氏に、久しぶりの日本の印象を聞いてみた。

「成田空港に着いた途端、得もいわれぬ安堵感、安心感に包まれました。ああ、これでもう変に脅えなくて済む、突然、大白《ダーバイ》（白い防護服を着たコロナ対策の係員）から腕を摑まれることもない、夜も安心して眠れると思いました。

いつも思うのですが、日本の空港は照明が明るく、通路にゴミ一つ落ちていません。到着したとき、それだけで心が明るくなるものです。

北京の空港は、設備は最新式で立派ですが、照明はそこまで明るくなく、どこか寒々しい。人間にとって広すぎるからかもしれません。

日本の空港は、設備はかなり古く、広くもないのですが、大事にメンテナンスして使っている。派手さはないけれど頑丈にできています。日本人が成田空港に着いたときに抱く『ホッとする』『やっと日本に帰ってきた』という気持ちは私にもよくわかります。

日本での生活は政治に影響されない。これが最も中国と違うことだと感じます。誰かに命令されることも、強制されることもない、自分の判断で毎日自由に過ごすことができます。

それ（政治の命令・強制）なしで社会が回っていることが、どれほどすばらしいか、3年ぶりに中国からやってきて心の底から実感しました。

これは日本人全体の「素質《スージー》」（民度、素養、教養、マナーなどの意味）が高いからできることだと思います。極端に素質の低い人があまりいないから、強制する必要がないし、下に合わせる必要もありません。

たいていの（日本）人は政府のいうことを理解して素直に従います。おかしいと思う人は、デモや抗議運動をするけれど、それで社会が混乱することはないでしょう？　これは幼い頃からの家庭教育やしつけの賜物だと思います。

私は中国でも自由を満喫していたつもりでした。中国の大都市で、一定以上の収入がある人は、いまでは日本人が想像するよりもずっと快適で便利な生活を送れます。クルマもアプリで簡単に呼べるし、レストランも事前予約で並ぶ必要がない。北京や上海はマナーのいい人が増え、店員のサービスも向上した。20年前の中国とはまるで違う国になったのです。

でも、それは平時の場合です。コロナが大流行したり、大地震が起きたり、政治的な問題が起きたりすると、途端に社会は混乱状態に陥ります。

国民は余計なことは知らなくていいとばかりに情報統制され、素質が低い人に合わせなければならないので、多くの人の行動は厳しく制限されます。

落ち着いているときには、『14億人もいるのだから、（多少のことは）仕方がない』と自分に言い聞かせることもありますが、当事者になったら、やはり強制的に指図されるのは我慢できない。つき合い切れないという思いになります」

厳しい強制と罰則が必要な理由

私たちは、外国人から指摘されて初めて、日本がいかに平和な国かと気づかされる。日本のことをよく理解している中国人は、張氏のような感覚を持っていることが多い。

上海を中心に、教育家として中国と日本を頻繁に往復している男性、孫海氏に聞くと、彼も常々感じているのは、やはり日本人の素質の高さだという。

「日本人は法律をきちんと守りますよね。人が見ていなくても、大半の人は信号を守ります。それができるのは素質が高いからです。国民全体の素質が高くなると政府への不満も自然と減るのです。

中国の場合は逆。国民の素質が低く、ルールを守らない人が多いので、政府は強制的に対応するしかない。すると、さらに国民も反発するという悪循環が起こるのです。

もちろん、最近は中国人もルールを守るようになったといわれます。確かにそうですが、それは罰金や氏名公表などの罰則があるから。自ら進んでルールを守っているわけではありません。だから監視カメラも必要だし、罰則をやめられないわけで、すべては人々の素質に起因するものだと思います。

日本では、道端でのケンカはめったに見かけません。日本人の多くは政府に不満があっても文句をいわず、自分にできる範囲で解決したり、我慢したりして生きている。だから秩序が保たれて社会は安定している。すべては教育やしつけに由来していると思います」

孫氏の話を聞き、私は19年末、大連を訪れ、現地の大学で働く友人に会ったときのことを思い出した。彼は手の指に包帯を巻いていた。プールで泳いでいたときに突き指してしまったのだという。

プールでレーンに沿って泳いでいたところ、突然、レーンを横切って泳いできた人がいて、衝突したときに痛めた。仕事の都合ですぐ病院に駆け込めずに治療が遅れ、しばらく経っても完治していないと話していた。友人はこういって嘆く。

「中国にはときどき、予想不可能なことをする人がいます。皆が真っすぐ泳いでいるのに、横切って泳げば、誰かとぶつかるのは当たり前です。
プールでどのように泳ぐかまで、係員は教えてくれません。一般常識だからです。でも、その一般常識がわからない人が、この国には信じられないほど大勢いる。つまり国民全体の素質がまだ低いということです」

安定した社会、安心して暮らせる国

中国人からは、「日本は安定した社会、安心して暮らせる国」という話も繰り返し聞く。政治、経済、社会において日本に問題がないわけではなく、日本人からすると残念に思うことが年々増えている。だが、中国人は「中国とは比較にならないほど日本社会は落ち着いている」と断言する。

東京都内でエンジニアとして働く40代の男性は、97年に上海から来日した当時のことを振り返り、こう語る。

「留学先の京都は四条の街並みがとてもきれいで、日本に来ただけで自分の生活水準まで一気に上がったような気がしてうれしかった。とくに衛生環境で、日本のトイレは本当に清潔。感動したことを覚えています。それはいまでも変わりません。

日本は社会が安定しているので、自分の人生設計をしっかりと立てられる、当たり前のことが当たり前にできる。これは中国人から見ると、すごいことなんです。

何歳になったらこうしようとか、あと何年経つと、どのくらいの収入を得られるとか、日本では計画を立てたら、たいていのことは実行できます。とくに会社員にとって日本は最高の国。まじめにやっていればクビになりませんから、それなりに安定した生活を送れます。

中国では、まじめにやっているだけだと、逆に負け組になる可能性がある。だから、まじめにやらなくてもうまくいく方法を考えたりする。この違いは大きいです」

10年に来日し、現在は大学で講師を務める30代の女性は「日本のよさは安心感と優しさにある」と語る。

「一戸建てでも、ドアにカギをかけ忘れても大丈夫、と思えるのが日本だと思います。日本ではカフェなどで席をとるとき、スマホを置く人がいますよね。これも社会に安心感や信頼感があるからだと思います。中国ではスマホを一瞬でも手放せません。

先日、タピオカ店で女性の店員と話をしました。彼女はタピオカが好きで、いろいろなタピオカ店で働いた、といっていました。タピオカに詳しく、とても楽しそうに働いていた。経済的にはそれほど裕福でなくても、好きなことをして暮らせるのが日本のよさです。日本なら、年収500万円でも自分のプライドを保ちつつ生きていけます。

でも、中国では、年収500万円では何もできない。お金持ちでもロックダウンされたらいきなり外に出られなくなるし、一切の自由はなくなります。

もちろん、日本でも、世界のどこでも悪いことは起きます。でも実際に安定している環境で、楽しく生きている人が多いのは中国よりも断然日本のほうだと思う。中国は経済的には豊かになりましたが、中国人に、1週間で何日、心から笑える日がありますか、という質問をしてみたら、どうでしょう。私は日本のほうが多いのでは、と思います」

「戸籍のない子」が、自己実現できたのは日本のおかげ

先に登場した40代の男性はこうもいう。

「日本は自分の夢を持てる国だと思います。日本人の子どもはケーキ屋さんになりたいとか、看護師さんになりたいといった夢を持っていますよね。

それは中国人からすると夢ではないです。中国人の子どもは、有名な科学者や宇宙飛行士など、到底実現できないような壮大な夢をいわざるを得ない。そうしないと、『お前はがんばっていない、そんなちっぽけなことしか考えていないのか』、といわれてしまいますから。日本では小さい夢でも口にできるし、その夢を誰も笑ったりしません。自分の努力次第で、自分の歩みたいように人生を歩める。中国では有名な科学者になる人なんてほとんどいないのに、大言壮語する人が多いのです」

夢の話から、都内で働く会社員、林爽氏を思い出した。林氏の経歴は非常に特殊だ。

彼女は89年、内陸部のある町で生まれた。兄が一人いるが、農村だったため、女性の林氏は戸籍に入れてもらえず、「黒孩子《ヘイハイズ》」（黒子、戸籍に入れない子ども）のまま成長した。

中学までは地元の学校に通うことができ、成績優秀だったが、戸籍の問題で高校には進学できなかった。親元を離れ、15歳のとき、広東省深圳市のラジオ製造工場に働きに出た。

「最初はワーカーとして、そのあとは別の会社で営業や人事などを担当しました。工場の近くに大学があり、自分も何かを学んで、もっと成長したい、とずっと考えていました。

深圳はビジネスの街で、大学にも実務にすぐ活かせそうな学部がたくさんありました。中学生のときに好きだったこともあり、最初は英語を勉強しようかな、と思いました。テキストを開くと、そこから外国が見えて、いま自分がいるこの世界とはまったく違う世界があると夢を見ることができたから。

でも英語は競争が激しすぎると考えていたとき、たまたま知り合いが大学で学んでいると聞いて、日本語を勉強することにしました。中国には日系企業が多いし、日本語を身につければ、何かいい職が見つかるかもしれない。そう思ったからです」

林氏は親戚に頼んで戸籍を買ってもらった。親戚から聞いた金額は覚えていないというが、戸籍がない人がのちに仕事や結婚のため戸籍を「買う」ことは中国では珍しくない。不利な農村戸籍の人が都市戸籍を買うこともある。

私は、長い取材人生で、「黒孩子」という境遇にあった中国人（林氏）に初めて出会った。彼女は高校を卒業していなくても入学できる社会人向けコースがある大学を探し、猛勉強して入学。30人中3人しか卒業できなかったという日本語学科を卒業し、日系企業で働いた。

その後、もっと勉強しようと思い、来日を果たした。来日後もアルバイトを掛け持ちするなど苦労を重ねて都内の大学院を修了。現在は誰もが知っている大手企業に勤務し活躍している。林氏はいう。

「私が自己実現できたのは日本に来たおかげです。日本に来なければ、私の人生は開けなかった。普通に高校を卒業できなかった私にとって、日本は機会均等の国で、戸籍や出身地による差別もありません。

日本ではアルバイトをしていたカフェで、日本人のマスターからサンドイッチをもらったり、大学の先生が家に招いて家庭料理を食べさせてくれたり、多くの人に助けてもらいました。

高校を卒業していない経歴でも、東京の大学院は私を受け入れてくれた。貧困家庭の出身でも、他の人と同じようにチャンスがある。これは日本のすばらしいところだと思います」

機会不均等な社会主義国の矛盾

中国人からよく聞くのは、日本では職業や学歴による差別が少ないという話だ。

ある在日中国人の男性は、母親が来日したとき、警備員が楽しそうに働く姿に驚いた、という話をしてくれた。

「日本のショッピングセンターなどにいる警備員さんは、礼儀正しく、仕事に誇りを持っているように見える。そうした姿は母の目に新鮮に映ったようです」

北京や上海などの大都市では、警備員、家政婦などの仕事は農村からの出稼ぎ労働者が担い、地元の人がそうした職に就くことは少なく、見下すことも多い。

そうした環境から日本に来たため、そう思ったのだろう。

学歴についても同様だ。日本にも学歴差別は歴然と存在するが、それを引き合いに出して声高に誰かを差別する人は比較的少ない。日本では高卒で成功した人や、高卒後、いったん社会に出たあと、改めて大学に入り、成功した人も多い。

だが、中国では、学歴は一生を左右する。重点的に政府の資金が投入される有名大学でなければ、進学する意味がないとさえいう人も多い。卒業した大学によって初任給が異なり、初任給の大学別ランキングも毎年発表されるのだ。

中国では、たいていの中学や高校は成績順のクラス分けや席順になっていて、教師の中には「成績の悪い人と親しくしてはいけない」といった発言を堂々とする人もいる。

小学校などでは試験の成績がいいと先生がお小遣いをくれる、といったこともある。そうした風潮から、中国では「勉強ができる人が偉い」といった考え方が浸透している。

また、日本では前述の林氏がいったように、機会が均等だという話も多くの中国人から聞く。裏を返せば、中国は機会が均等ではなく、生まれた場所、両親の職業や経済的な事情により、最初から機会は均等ではない、ということだ。社会主義を標榜する中国としては、現実は皮肉な状況になっている。

日本でも有名になった中国の大学入試「高考《ガオカオ》」はそのわかりやすい一例だ。北京に生まれれば比較的低い合格ラインで北京大学に合格できるが、「受験地獄省」といわれる河南省や広東省に生まれたら、北京大学に合格できる確率は北京出身者よりも低くなる。

前述の林氏のように、生まれたときに戸籍に入れてもらえなければ、本人の責任ではないのに、誰もが得られる権利を得られず、スタート地点から大きな差が出る。そこから這い上がるのは並大抵のことではない、というのは、中国人なら誰でも知っている。

「偉い人のほうが腰が低い」に驚く

上海で働き、東京に何度も出張に来たことがある洪陽氏は、「日本のいいところ」として、「お互いを尊敬《リスペクト》しているところ」を挙げた。洪氏はいう。

「がんばっている人は誰でも尊敬、尊重されるのが日本のすばらしいところだと、ずっと以前から感じていました。

たとえば、飲食店の洗い場で働いている人に対しても、トイレやホテルで清掃作業をしている人に対しても、日本人は尊敬、尊重の気持ちで接しますよね。

セルフサービスの飲食店でお皿を返すとき、ぞんざいな態度をとったり、お皿を投げ返したりするような日本人は見かけたことがない。会社や駅のトイレで掃除をしている人にも、横柄な態度はとりません。

むしろ、『ごちそうさまでした』とか、『(清掃中なのに)すみません』などと一声かけたりします。自分が雇っているお手伝いさんに対してもそうです。

中国だったら、お手伝いさんに丁寧な態度はとりません。主従関係は言葉遣いにも態度にも表れます。

日本では、偉い人のほうがなぜか腰が低い。日本人はそれを相手に対する『尊敬』だとは思っていないかもしれませんが、私から見ると、人間として、常に温かい目で、フラットに相手を見ているように感じます。人と人の間に信頼感がある。それは、職業や出身地による差別が大きい中国では考えにくいことです」

中国人から見た日本は、公平、平等な国だが、サービスに関しても日本は全国どこでも均一で安心感がある、と洪氏はいう。

「中国では大都市と地方について経済発展の格差がよくいわれますが、それだけでなく、サービスの格差も非常に大きいものがあります。

それはやはり基本的な『素質』の問題、そして義務教育の問題もあると思います。中国の義務教育も中学までですが、労働者の中には小学校を卒業しただけで働きに出る人もいますので、何かを教えても、なかなか覚えられない。それに比べると、日本の教育水準は全般的に高く、どこに行ってもサービスが均一なのがすごいと思います」

とにかく、お金がなければ話にならない

中国ではお金がないと不安という声も聞く。もちろん、日本でもお金がなければ不安なことは同じだが、中国とは比較にならない。北京在住、60代の中国人女性はいう。

「最近の中国では何が起こるかわからないという怖さがあります。どんなにお金があっても精神的に不安だし、コネや人脈など、お金で買えないものも存在します。むしろ、お金持ちになればなるほど、政府から目をつけられて、これから大変だとも聞きます。

だからお金をたくさん稼いでも、安心はできない。けれど、この国ではお金がなければ話にならない。いざというとき、やはりお金は必要なので、もっと稼がなければなりません。

中国には『笑貧不笑娼《シャオピンブーシャオチャン》』という言葉があります。貧乏な人は笑われるが、娼婦は笑われない。つまり、どんな手段を使ってでも、稼がなければならないということです。

中国人はとにかく貧しくなることが怖いんです。とくに50代以上の人は貧しかった時代の記憶があるので、貧乏生活に戻ることを極端に恐れています。

若者はそういう時代をリアルには知らないけれど、現実にお金がなければこの国では何も

できないことは彼らもわかっているし、お金がない人は周囲から蔑まれ、後ろ指をさされ、とことんバカにされます。だから、誰もがなりふり構わずお金を稼ぐことに必死になり、その結果、拝金主義になってしまうのです。

日本ではお金がないというだけで、他人から笑われたりしないでしょう。日本では、収入にかかわらず、プロフェッショナルな仕事を持っていたり、がんばっている人の居場所があるように見えます。

お金しか頼れるものがない中国人から見たら、日本は理想の国。だから私たちは日本がうらやましくて仕方がない。そして日本が大好きなんですよ」

第　2　章

留学、起業、そして……
彼らが日本を選ぶ理由

「安、安、安」の留学先、日本

日本に留学している全留学生約24万2000人のうち、ほぼ半数は中国人で、およそ11万4000人（2021年、日本学生支援機構のデータ）に達する。コロナの影響で減少した時期を除くと、日本留学を希望する中国人は過去30年間、増え続けている。

中国で、かつてエリート層の特権だった海外留学は、その後、留学を隠れ蓑にした出稼ぎや、国内の熾烈な受験競争の回避などを目的とするようになったが、経済発展もあって、近年、その目的は多様化、留学生を送り出す家庭も中間層にまで広がっている。

米中対立やコロナの影響もあり、彼らにとって最も身近で、学費が安く、安心・安全、つまり「安、安、安」な留学先が日本となった。

その需要に応えるため、十数年前から東京・新大久保や高田馬場駅周辺に増えてきたのが大学進学希望者を対象とする受験予備校だ。

中国人が日本に留学する際、一般的にまず日本語学校に入学するが、そこで学んだだけでは大学受験対策には不十分。その結果、増えたのが予備校なのだ。

高田馬場駅付近には「名校志向塾」「行知学園」といった、在日中国人の間で有名な予備校があり、経営者のほとんどが在日中国人だ。留学生にとって、中国人の専任講師や現役の大学院生（アルバイト）などから中国語で直接指導してもらえるメリットがある。

昨今、中国人の苦学生は少なくなり、コンビニなどでアルバイトするのはベトナム人、ネパール人などが増えた。

都内で働く30代の中国人女性は「実感として、私が来日した10年前は8割の中国人留学生がアルバイトをしていましたが、今は8割がしていません。隔世の感があります」と話す。中には親が買ってくれた高級マンションに住み、一日中、家でゲームをしたり、インフルエンサー活動などをしながら、経済的に余裕のある留学ライフを送っている学生も多い。

私は、東京・池袋駅西口から徒歩7〜8分の千代田国際語学院を訪ねた。01年に東京・千代田区に設立され、14年から池袋に校舎を移し、日本語学校運営のほか、日本の大学受験指導も行っている。

同校の母体・千代田教育グループ会長の栗田秀子氏が応接間に招き入れてくれた。栗田氏は福建省生まれ。自身も87年に留学生として来日した。

栗田氏は、中国語の講師をしたり、中華料理店などを経営したりしたのち、もともと関心が高かった教育事業に参入。日本語学校と予備校を兼ねた方式を最初に取り入れ、現在は千葉日建工科専門学校や中国の華僑教育で著名な曁南《じなん》大学日本学院なども運営している。あまり知られていないが、中国の大学の経営多角化で、東京には曁南大学をはじめ、北京語言大学などいくつかの大学がキャンパスを設置、日本人学生を募っている。

長年にわたって、日本で中国人の教育事業に携わってきた栗田氏はいう。

「08年頃から日本の大学の受験対策を希望する留学生が増え始め、その期待に応えるため受験指導も始めました。これまでの二十数年間で、文系、理系の双方で1万人以上の留学生がここで学び、日本の有名な大学に合格するなど実績を残してきました。14年頃からは美術やアニメを学びたいと希望する学生も増えたので、さらに美術専門のコースを設置しました」

栗田氏によると、中国では美術系大学が相対的に少なく、入学が非常に困難であること、さらに日本の美大のレベルが高いことが、進学希望者増加の背景にあるという。

また美大に限らず、日本への留学希望者が増えている要因として、22年に中国の職業教育法が改正されたことも関係あるという。職業学校への進学が推奨されるようになったが、そ

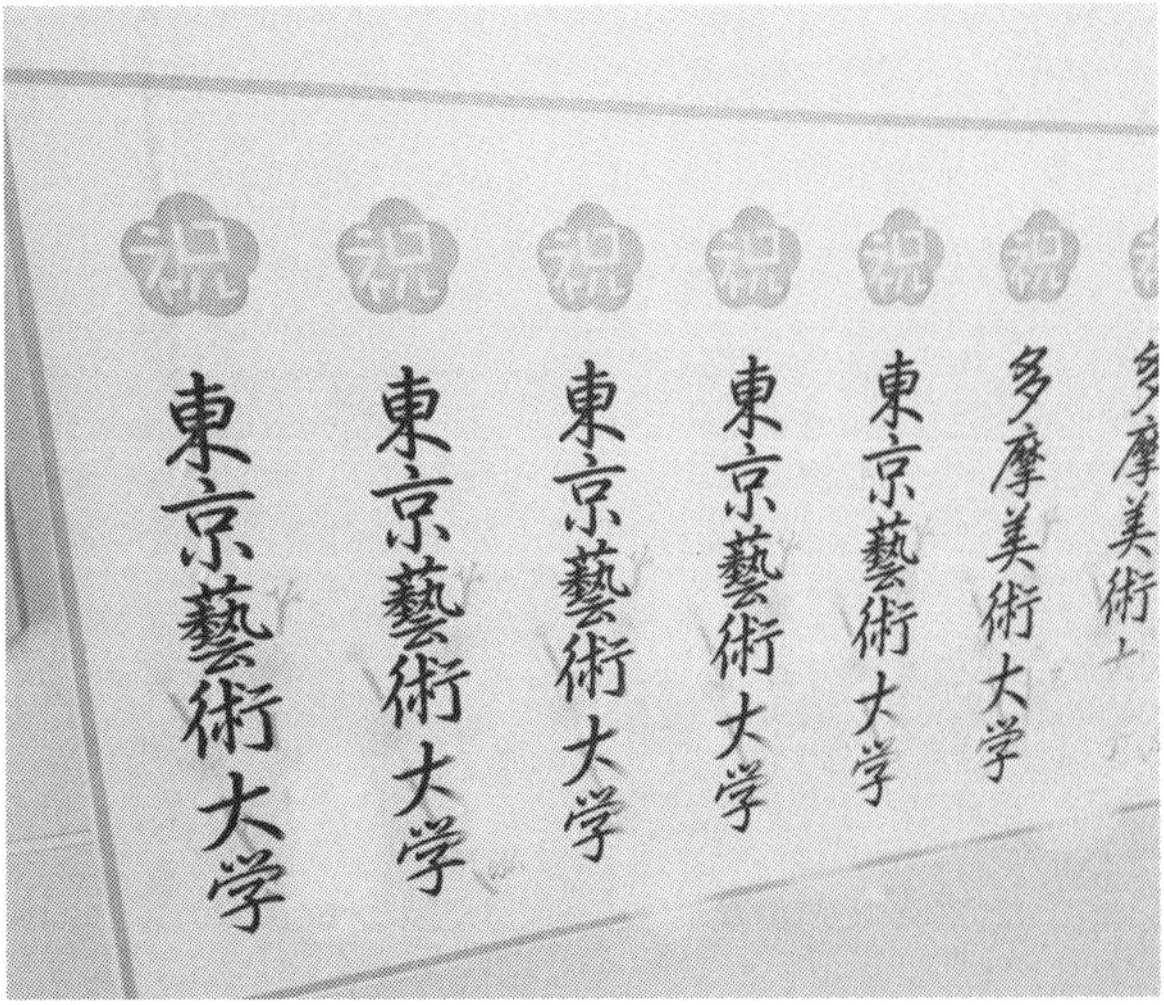

千代田国際語学院の壁に貼られた合格者リスト（画像は一部加工、筆者撮影）

うした学生が職業学校卒では就職が厳しいことから、日本への留学を希望するようになっていること、また、大卒者でも就職が厳しく、大学院への進学希望者が多いが、付加価値をつけるため、国内ではなく日本の大学院進学を目指す人が多いことなどを挙げる。

千代田国際語学院の美術専門コースには、日本の有名美大で働く日本人と中国人の現役講師がおり、実技などのきめ細かい指導を行っている。

最近では日本の音楽大学を目指す学生も増えたため、音楽コースも設置した。中国では音大も日本と比べて非常に少ないことも、同じように留学希望者増加の要因となっている。

中国で美術大学に進学するのは至難の業

22年11月。平日の昼過ぎ、千代田国際語学院のスタッフに校舎を案内してもらった。地上9階建て、地下3階のビルで、地下には多目的ホールも備えている。3階の美術指導教室に足を踏み入れると、数人の留学生がデッサンを描くなど、実習に励んでいた。

取材時の美術コースの在籍者は約220人。留学生が日本で私立の美大を受験する際、美術の実技と面接、日本語能力試験N2レベル（日常的な場面での日本語を理解できる程度の能力。N1が最も難度が高い）が求められる。実技については講師がマン・ツー・マンできめ細かく教えてくれるほか、授業の合間や放課後の教室で自習する学生も多いという。

教室にいた美術講師に話を聞いた。

その講師は四川音楽学院の美術学部を卒業後、来日し、同校で日本語を学びつつ美術の受験指導を受け、有名美大の修士課程に進学、油絵を専攻した。現在はアーティストとして活動しながら、母校でもある同校で指導する。彼女は語る。

「中国の大学を卒業後、成都市のアーティスト村でしばらく絵を描いていたのですが、08年の四川大地震で多くの人が亡くなったこともあり、生きているうちに好きなことをしたい、後悔したくないと思って日本留学を決めました。

両親のおかげで外国に行く機会がありましたが、日本は宮崎駿《はやお》監督が生まれた国なので、とくに興味がありました。日本でもっと学びたい、いろいろなアーティストの刺激を受けて自分の視野を広げたい、と思いました。

中国で有名な美大は、中央美術学院、中国美術学院、広州美術学院、天津美術学院、魯迅美術学院など10校以下。全中国の志望者が殺到するので競争は激化します。

どんなにすばらしい才能があっても入学できない人が大勢います。それは日本の比ではありません。知り合いの美術講師は、中央美術学院の合格までに4回も挑戦したといっていました。中国の美大は国立ですから、美術だけでなく勉強もがんばらなければならないのです」

コロナ前、中国の都市部の小学校の下校時間などに校門前に行くと、絵画教室のプラカードを持った塾の担当者が子どもを迎えに来ているところをよく見かけた。

幼い頃から、美術や音楽の英才教育を受ける人も大勢いて、将来はプロになりたいと夢見る学生も多いが、中国で最も有名な美大、中央美術学院は全学生合わせても5000人弱だ。北京大学（全学生数、約7万5000人）、清華大学（同、約5万3000人）といったマンモス校と比較しても極端に学生数は少なく、美大の競争率は非常に高い。

そのため外国の美大を目指そうという動きが十数年前からすでに始まっている。

現役のアーティスト、クリエーターから学べる魅力

近年、中国では日本の芸術家の知名度がますます上がっている。

美術作家の奈良美智《よしとも》氏の作品は中国でも高く評価され、日本円にして数十億円以上で取引される。ほかにも芸術家の草間彌生氏、村上隆氏や、写真家の荒木経惟《のぶよし》氏、蜷川《にながわ》実花氏なども中国で高く評価されている。先の美術講師はこう語る。

「日本の芸術家は中国人にとって憧れです。さらに、中国の有名な芸術家に弘一《こういつ》（本名は李叔同、20世紀前半に活躍）という人がいます。中国で誰もが知る『送別』という曲を作曲し、絵画や書でも中国人に影響を与えました。彼が東京美術学校（現在の東京藝術大学）で西洋画を学んだことも知られていて、中国の若者が日本で美術を学びたい動機の一つになっ

ています。

日本で感心したのは、教授たちは学生への指導だけでなく、自身がアーティスト、クリエーターとして、第一線で活躍している人が多いということでした。将来こういうふうになりたいと憧れる現役の芸術家から、教室で直接指導してもらえることも、日本の美大の層の厚さ、人材の豊富さだと思います。

私自身、いま東京で個展などをやる機会があり、夢を実現できました。講師の仕事もあるので生活も安定し、よかったと思っています」

日本のACG（アニメ、マンガ、ゲーム）やデザインで有名な大学といえば、京都精華大学マンガ学部だろう。マンガ学科とアニメーション学科があり、現役の漫画家やクリエーター、デザイナーが多数在籍し、学生たちを教えている。

私は京都精華大学講師の陳龑《えん》氏に話を聞いた。

陳氏は北京大学を卒業後、来日。東京大学大学院で学び、20年4月から京都精華大のマンガ学部で講師を務める。専門は日中アニメーション交流史とIP（Intellectual Property キャラクターなどの知的財産）、動漫（マンガ、アニメ）の概念形成史だ。

彼女は日本のアニメ研究者であるほか、日中のコンテンツビジネスに長年関わってきた業界の有名人だ。たとえば、日本で19年にヒットした中国アニメ映画『羅小黒戦記《ろしゃおへいせんき》』や中国の人気キャラクター『阿狸《あり》』のＩＰ運営とライセンスビジネスを行ったり、沖縄発のＩＰである「bitter melon」（苦熊）の日中両国におけるプロデュースを行い、22年には中国の4都市で巡回展を成功させた。

中国の大手企業の管理職や、その日本支社長を務めたあと、22年8月からは中国関連のＩＰビジネス、ライセンスビジネス、アニメ制作などを行うAnimoreの社長に就任。現在は、とくに中国の人気コンテンツで日本でも人気がある『非人哉《ひとにあらざるかな》』などのプロデュースに力を入れているという。陳氏は語る。

「中国でも京都精華大学の知名度はとても高く、マンガ学部は現場で働く先生から、直接日本式のマンガやアニメを学べるのが大きな特徴で、魅力です。そのため、ある程度働き、20代後半になってから日本に留学してくる中国人もいます。

中国にもマンガやアニメを学べる大学はあるのですが、現役のクリエーターが教えてくれるのは日本だけ。世界的にも有名で、ここで4年間専門的に学べば、中国で学ぶよりも高い実力が身につくことは間違いないと思います」

現在、陳氏が担当する3年生のゼミには12人在籍するが、そのうち5人が中国人（ほかに日本人6人、韓国人1人）だ。最近の中国人留学生はアニメも好きだが、ゲームやVtuber（バーチャル・ユーチューバー）はもっと好きという人が多く、同大キャラクターデザインコースはそれらにも対応し、広範囲で指導するため、留学生の応募が増えているという。

以前は日本のコンテンツ業界の給料が安いため、卒業後は帰国を望む学生が多かったが、コロナの影響で中国経済が悪化し、日本に残りたいという学生も増えているそうだ。

なぜ早稲田大学は中国人に人気なのか

日本で最も中国人留学生が多い大学は早稲田大学だ。

2020年5月、中国出身（香港・台湾を除く）留学生受け入れ人数のランキングで1位が早稲田だった（2位は東京大学、3位は立命館大学＝日本学生支援機構の調べ）。

早稲田大学のホームページによると、21年の中国人留学生数は3322人で、全留学生のおよそ半数。学部、大学院ともに人数は増え続けている。なぜ早稲田はこれほど中国人に人気があるのか。

以前から中国メディアで報道されてきたのは、早稲田と中国の深いつながりだ。明治時代に清国から官費留学生13人を受け入れ、日本語教育を行い、1913（大正2）年、のちに中国共産党の創設メンバーとなる李大釗《だいしょう》が入学した。同じく創設メンバーで、初代総書記に選出された陳独秀も早稲田で学んだ。

そうした経緯もあり、98年には江沢民、08年には胡錦濤という二人の国家主席が来日した際は、わざわざ早稲田を訪問。中国での知名度は急激に上がった。

中国の歴史教科書では日本の明治維新について教えるが、明治政府で活躍したのが早稲田の創始者、大隈重信であり、そこで学んだ留学生が中国共産党を創設したことは、中国人に強く印象づけられている。

早稲田について、私の知人関係でいえば、アジア太平洋研究科（大学院）の出身者が多い。多くは女性で、修了後は日本のメディアや商社などに就職した。

数年前に同大学院で学んだ知人の中国人は「早稲田は自由な雰囲気があって好き。メディア出身のリベラルな先生が中国での取材体験などを話してくれて、中国人の先生とは違う視点を学ぶことができました」と話していた。

早稲田自体も過去十数年間、中国人留学生の獲得に熱心に取り組んできた。15年に同校を取材した際、応じてくれた国際部東アジア部門長の江正殷氏は「私たちは長期計画で努力を積み重ねてきました。今の早稲田の偏差値を絶対に維持しなければならないと考えているからです」と強調していた。

22年秋に取材を申し込み、久しぶりに同校を訪れると、江氏から同じ答えが返ってきた。90年代前半、早稲田の受験者数は約18万人とピークだったが、21年は約10万人と半減した。しかし合格者数は同じだ。

「今後、日本の18歳人口がますます減少すれば、それだけ優秀な学生の獲得は難しくなり、早稲田は偏差値を維持しにくくなると思います」(江氏)

そのため、世界の大学とダブルディグリー制度を実施するなどあらゆる方策を講じ、05年からは中国各地のトップランクの高校と指定校制度を締結している。各校から日本に留学を希望する学生を推薦してもらう仕組みだ。コロナ前は担当者が頻繁に中国に行き、説明会を実施したが、取材時はオンラインで開催していると話していた。

米中対立で、日本を目指す優秀な学生

早稲田は、他大学と比べて英語で受験可能な学部が多いのが特徴だ。また、もともと英語で授業を行う国際教養学部を含め、全13学部のうち、政治経済、創造理工、基幹理工、文化構想、社会科学の6学部に英語で授業を行うコースが併設されている。

江氏は「日本語受験はコロナの影響を受けましたが、我が校には英語受験ができる強みがある。欧米に行く予定だった優秀な学生が早稲田にシフトしてきています。彼らはアメリカのアイビー・リーグ（アメリカ東海岸の名門私立8大学）に入れるくらいの実力がありますが、米中対立の関係で、以前より日本を選択するようになったのです」と話す。

英語コースがあれば、中国をはじめ、世界各国から留学生を受け入れる間口が広がる。

早稲田の文系で最も学費が高いのは国際教養学部で年間約160万円だが、他学部の英語コースは普通コースと学費はあまり変わらない。

そのことから、「お得感があると思います。アメリカの大学の学費は少なくとも3～4万ド

ルで生活費も高いですが、日本は学費も生活費も格安。しかも治安もよく、距離的に中国に近いことも学生や保護者にとって魅力的な要素です」(江氏)

国際課の関係者もこう話す。

「競争が激しい中国では、アメリカ留学だけでは差別化しにくいので、そこにプラスして日本にも留学するというのは、学生にとって大きなアドバンテージになります。また、一般論として、同じくらいの学力であれば、母数が多くて競争率が高い中国よりも、日本など海外に行ったほうが、ワンランク上の大学に進学できる可能性が高い、と考える学生もいます」

ある学生は、高校の成績が北京市内の上位校の一角である北京師範大学(日本でいえば筑波大、東京学芸大などに近いイメージ)に届かないくらいだったが、英語受験によって、実力よりも偏差値が上の早稲田に合格できたそうだ。

考えてみれば当たり前の話だが、人口が中国の10分の1以下の日本のほうが中国より競争率は低い。レベルの高い大学で、自分の付加価値を少しでも上げたいと望む中国人にとって、幼い頃から学んできた英語で受験できるいい学校が日本に増えれば、そちらを選ぶケースも増えていくだろう。

1年でも早く、日本を経験するのが大事

中国人の高校生を日本に留学させようと奮闘している人がいる。上海や深圳などで学校経営をしている信男《しんなん》国際教育グループ理事長の魯林氏だ。

魯氏は日本式の教育に感銘を受け、中国に「信男教育学園」を創立した。独自に学校を作るわけではなく、上海文来高校、深圳市第三高校、長沙市明達高校など既存の高校に「中日班」という特別クラスを設置している。

学生は「中日班」で日本の高校のカリキュラムを2年間学び、日本の高校2年の2学期(9月)に、日本各地にある32校の提携校に編入するという仕組みだ。通常なら中国の高校を3年間で卒業し、日本の大学に留学する「3＋0」だが、魯氏は中国で2年、日本で1年半勉強する、自身が考えた「2＋1・5」にこだわる。そこには、ある思いがある。

「私は日本の小、中、高校、つまり大学以前の教育がとくにすばらしいと思っています。私自身も九州大学で学んだ留学経験者ですが、日本人の挨拶、掃除、整理整頓、クラブ活動、給食当番、時間を守ることなど、規律正しい生活を中国の若者たちに学んでほしいと思って

きました。成人前に日本の教育を受ければ、より日本文化や社会を理解しやすくなると思うからです。

大学からの留学だと半分大人になっています。集団行動が減り、日本人との交流も限られ、学問以外、『日本社会』について学ぶ機会は少なくなる。大学生は誰にも干渉されませんから、個人の考え方によって生活はかなり変わってしまいます。

高校の途中からでも日本式教育を受ければかなり違う。自立した人間を育てられるし、日本人から受ける刺激も多くなる。担任の先生もいます。そう考えて、このような仕組みを考えました」

これまでにのべ1000人以上の学生が日本の高校に編入した。そのほとんどが指定校推薦を受けて、日本の大学に合格している。魯氏はいう。

「日本人と集団生活を送り、クラブ活動を行ったりすることで、自然と礼儀正しくなると思います。ある保護者は、子どもが中国に戻ってきたとき、自分から祖父母へ挨拶に行ったり、家事を手伝ったりしてくれて、親の苦労もわかるようになったと喜んでいました。

中国では成績はまあまあだったが、日本で人間的にも、学力面でも成長し、筑波大学に合格した学生もいます。私が最も感じるのは、1年でも早く若いうちに日本を経験することで、自立した人間になることです。自分のことは何でも自分でできるようになります」

「日本に来たから自立できた」という話は複数の中国人から耳にした。東北地方の高校を卒業後、来日して10年になる30代の中国人はこう語る。

「ずっと中国に住んでいたら、親が家も車も買ってくれただろうし、世話もしてくれる。いい面もありますが、困難に直面したとき、自分で解決できない人間になってしまったかもしれません。

日本にいても中国の親を頼る人はいますが、せっかく留学したので、自分のことは自分でやろうと思い、病気で入院したときも、心配をかけるので親には連絡せず、退院するときも一人でした。心細かったですけど、自信がつき、自分で何でもできるようになりました」

料理人を志望するなら、日本の専門学校へ

2022年10月下旬。東京・池袋にあるサンシャインシティ文化会館で行われた「語学留学生フェア」に出向いた。

日本語学校に在籍する学生のために、各種専門学校や大学が進学相談ブースを設けており、年に数回開催されているという。午前11時過ぎに会場を訪れると、中国のほか東南アジアからの留学生などが多数参加していた。

テレビの料理番組に講師が出演することで有名な大阪の辻調グループ。ここは辻調理師専門学校、辻製菓専門学校などのほか、フランス校もあり、日本料理、フランス・イタリア料理、製菓などを技術と知識の両面で専門的に学ぶことができる。ブースで対応してくれた担当者に話を聞いた。

「国内の学生は約2400人ですが、そのうち留学生は約350人、中国人はその5分の1くらいです。10年ほど前から増え始めました。

以前は日本料理を学ぶ留学生が多かったのですが、最近ではフランス料理やイタリア料理、ケーキやお菓子を学ぶ留学生も多い。中国で富裕層が増え、西洋料理のシェフの需要が高まっているようですが、中国では料理を体系的に教えてくれるところはあまりないので、日本の専門学校にやって来ると聞きました」

私は数年前、上海で友人に連れていってもらったフランス料理店で、日本語ができるオーナーシェフに出会ったことを思い出した。その人は南京の日本語学校を卒業後、上海でイタリア料理店を開いている日系企業に就職。そこで出会った日本人シェフからイタリア料理を学ぶため来日。イタリアでも修業し、計7年間、学んで帰国した。

以前はこのように、シェフに弟子入りして料理を学ぶスタイルが多かったが、いまでは料理学校で基礎を学ぶほうが効率的で、2～3年で一人前になることができ、しかも料理の専門学校を卒業したことが腕前の証明にもなる。

担当者によれば「卒業後、日本の有名レストランに就職する中国人もいます。中国に帰国して日本料理店に就職し、さらに腕を磨くというパターンもある。基礎がしっかりしているので、重宝がられているという話も聞いたことがありますね」という。

上海の懐石料理店や高級寿司店にも中国人の料理人が増えている。上海の日本料理事情についてよく知る日本人は、「中国人の板前の店も、日本人の店と遜色ありません。一体どこで修業してきたのか、日本語もある程度できますし、日本文化もよく理解しています」と話す。

日本の他の調理師専門学校でも中国人が増えていることと関係するのかもしれない。

業界人は、高学歴エリートより「手に職」系

「語学留学生フェア」では東京・新宿にある学校法人、東放学園のブースにも立ち寄った。

同学園はＴＢＳの教育事業本部が設立した学校を前身とし、映画、テレビ・ラジオなどの番組制作スタッフを育成している。東放学園専門学校には放送技術科、照明クリエイティブ科などが、東放学園映画専門学校には映画制作科、アニメーション・ＣＧ科などがある。

ブースで対応してくれた留学生入学相談室の担当者によると、中国人はすべての学科に在籍しているという。とくに人気なのが映画やアニメを学ぶ科で、映画制作科は定員72人のうち半数近くが中国人だと話していた。

ほとんどの留学生は日本語学校経由で入学してくるそうで、映画制作科を志す理由は日本の黒澤明や小津安二郎などの映画監督の映像を見て憧れたからだという。同校は映画『世界の中心で、愛をさけぶ』などでメガホンをとった行定勲監督の出身校であることも留学生の間で知れ渡っている。

担当者は「定期的にオープンキャンパスを実施し、留学生の希望を聞くだけでなく、その

学科が本人に合っているかどうかを確かめています。

カメラ、照明、美術など、同じ業界でも仕事は細分化されていますので、どの学科に入るかを決めることが重要なのです。ただ教えて終わりではなく、就職の際にもできるだけサポートします。映画業界は監督をはじめフリーランスが多いのですが、留学生はビザの問題もあり、フリーランスで働くのは厳しいため、制作会社に入ることを勧めています」と話す。

中国は米国と並ぶほどの映画大国となったが、料理と同じく、やはり体系的に映画や番組制作について学べる学校は少ない。

日本で基礎的な知識や技術を学んでから帰国すれば、高学歴エリートよりもむしろ「手に職」で生き残れる可能性もあるし、日本に残っても活躍の場がある。日中双方で仕事ができる強みを持つこともできる。

専門学校は日本の強み

十数年前、東京で私と同世代の中国人カメラマンと知り合った。その人は広告のポスター撮影などを主な仕事としていたが、知り合って数年後、上海に帰国。日本での経験を活かし、現地で写真スタジオを立ち上げた。

その後、上海市内の大学で写真技術を教える教授になった。当時、上海でも写真について体系的に教えられる人材が少なく、日本での経験が中国で高く評価された、と本人は喜んでいた。

余談だが、そのカメラマンは日本の写真専門学校に留学中、「サンリオ」の奨学金をもらっており、私が山梨県出身だと知ると、会うたびに、同じく山梨県出身で留学生支援にも尽力した同社名誉会長の辻信太郎氏に親切にしてもらったエピソードを懐かしそうに話していた。

日本の専門学校や大学に通った人の中には、この男性のように、日本企業の奨学金をもらい、勉強を続けられたことを後々まで感謝する人も多い。

中国は科挙のお国柄ということもあってか、大学進学熱は異常に高いが、専門学校や職業学校には偏見もあり、日本のような民間の専門学校は少なく、質もあまり高くない。指導する人材も現場の仕事が忙しく、後進の育成に携われないというのが実情だ。

職人が尊重される日本では、バラエティに富んだ専門学校が全国各地にあり、就職までのサポートも手厚い。ふだんはあまり気づかないことだが、これも日本の強みかもしれない、と感じさせられた。

にわかに高まるインター熱の背景にあるもの

2018年に出版した『日本の「中国人」社会』(日経プレミアシリーズ)では、教育に関して書いた第3章「勉強に駆り立てられる人々」と第4章「日本の教育はゆるすぎる!」がとくに反響が大きかった。

当時、慶應義塾大学に在学していた在日中国人二世の趙剛氏は、自らの父親と親しい中国人の子息の多くが東京大学や京都大学などに通っているといい、「自分は慶應で野球ばかりやってきたので肩身が狭かった。親たちはエリートで教育熱心な人が多く、子どもの大学は最低でも早慶以上でなければ、という雰囲気だった」と話していた。

また、鳥取県の小・中学校に通い、最終的に北京大学を卒業した中国人女性は、父親の転勤で高校入学時に西安に戻ったとき、数学や理科で相当な遅れがあり、日本の中学3年は中国の小学4年レベルだったという衝撃的な話をしていた。

日本に住む中国人にとって、我が子にどんな教育を受けさせるかは悩みのタネだが、同著で紹介しなかったのが英語教育を実践するインターナショナルスクール（以下、インター）という選択肢だ。

東京には港区や品川区、渋谷区などに十数校のインターがある。都内で起業した知り合いの中国人によれば、最近、中国から日本に引っ越してくる子どものいる富裕層の多くが、日本の学校よりインターがいいと考え、先に学校を選んでから、その近くに住居を構える傾向があるという。

中国でもインターに通わせていたので、日本でもそのまま英語教育を受けさせたいこと、高校までそのまま進学できること、本国の有名大学に入学しやすいことなどのメリットがある。英語ができれば世界のどこでも通用するという点で、日本人富裕層の間でもインターは人気が出ているが、中国人はもっと熱心だ。

都内の中国系企業に勤務する蘇石氏には3歳になる子どもがいて、東京・虎ノ門にあるイギリス系のインター幼稚園に通わせている。蘇氏によると、イギリスと同じ卒業資格を得られるのが魅力で、将来グローバルな視野を持ってほしいと考えたという。

「選択肢として日本の名門私立も考えましたが、日本人でも入るのが難しいため、インターにしました。ＳＮＳに在日中国人の教育専門グループがあって、そこに学校の評判など、さまざまな情報が流れてきます。それも参考にしました。私が家に帰ってくると、子どもはもう英語で話し掛けてきますよ」と蘇氏。

日本の地方都市に住みたいと考える富裕層もいるが、別の中国人によると、「インターがない県だけは避けたい」という意見すらあるほどで、「福岡県は上海から距離的に近く、文化レベルも高く、遊びに行く中国人が多いのに、なぜ福岡県にはインターが少ないのか？」といった声もあるそうだ。

日本にいながら英国式教育を受けられる

22年8月、岩手県八幡平《はちまんたい》市の安比《あっぴ》高原に日本初の英国式全寮制の『ハロウインターナショナルスクール安比ジャパン』が開校したことが報道された。このニュースは中国に住む中国人の間でも大きな話題になった。

ハロウスクールといえば１５７２年に創立した英国の名門パブリックスクールだ。安比ジャパンはその日本初の系列校で、本校と同じく英国式カリキュラムを実践する。

同校のホームページによれば、これまでタイ（バンコク）、香港、中国に系列校があり、日本は11番目。中国には北京、上海、重慶、深圳など8校がすでに開校している。

日本誘致には、安比高原で3つのホテルを所有・運営する岩手ホテルアンドリゾートが関わっていた。同リゾートの都市計画事業未来開発本部長は、同校のアンバサダーを兼務しているペニー・ルオ氏で、同氏は免税店大手「ラオックス」の羅怡文会長の娘だ。

同ホームページによると、同校は11歳〜18歳（日本の小学校6年〜高校3年）が対象。約9万平方メートルの敷地と2万4000平方メートルの広さの建物を有し、日本最大のボーディングスクール（寄宿制学校）と説明されている。

学費、寮費、食費を含めて年間約849万〜927万円かかる。学生の半数近くは日本人だが、中国、シンガポール、マレーシア、韓国などの学生も在籍する。

ある中国人の友人からは、「私の上海の友人は、自分もあとから日本に引っ越すかもしれないが、子どもを先にこの学校に入学させた。日本の自然豊かな環境で、英国式の教育を受けられるのは一石二鳥だ、と喜んでいた」という話を聞いた。

北京や上海のインターは年間の学費が日本円にして500万円以上で、安比ジャパンは高額に見えるが、これは寮費、食費を含めた金額。なので、中国の富裕層からすると「日本のインターは格安」に感じられるのだという。

さらに、東京都内のインターは学費が200万円程度のところもあり、中国のおよそ半額。教育の質が同じならば、日本のインターに来るほうが、彼らにとってお得と映る。

中国人の友人はいう。

「中国の富裕層の中には20〜30代に懸命に働いて資産を築き、40代でセミリタイアする人もいますが、子どもはまだ小学生か中学生。これまで日本と縁がない彼らにとって、いくら距離が近くても、子どもを日本の進学校に入学させるのはハードルが高い。それに日本の学校からは、ほとんど日本の大学にしか進学できません。

しかしインターなら、学校側とのコミュニケーションの問題も（英語なので）クリアできます。ハロウのような名門校が日本にできれば、遠くて寒いイギリスまで会いに出かけなくてもよく、ついでに日本で観光したり、ビジネスもできたりします。

今年（23年）は日本にイギリスの他のパブリックスクールも開校すると聞きました。中国では共同富裕政策の影響がインターの教育にも及び、困惑している富裕層の保護者が大勢います。

日本はこれまでタイなどよりもインターの数が少なかったのですが、今後、隣国の中国から入学希望者が増えることを想定し、次々と開校する可能性もあります。自然環境がすばらしい日本にありながら、欧米の学校の卒業資格が得られるインターは中国人富裕層にとっていいとこどり。需要にマッチしています」

就職先が倒産、起業し、年商35億円

留学しただけでなく、そのまま日本で起業する在日中国人も大勢いる。

1990年代前半に創業した、医薬品開発支援の「EPSホールディングス」代表取締役の巌浩氏、営業支援のソフトとコンサルティング事業を行う「ソフトブレーン」創業者の宋文洲氏などは、在日中国人経営者の草分け的な存在として知られる。

中国企業に買収された「ラオックス」のようなケースもあるが、近年では顔認証端末などソリューション開発を提供するITベンダーの「HOUSEI」など、日本には続々と中国

系企業が生まれている。

最近増えている20~40代の若手中国人経営者を取材した。

まず東京・目黒を拠点にレディス衣料などを手掛ける「Sホールディングス」CEO、燕泳静氏。10年に創業、現在は年商35億円に上る。

燕氏は81年、中国南部の江西省で生まれた。高校時代に日本語を学んだことがきっかけで日本に興味を持った。高校卒業後に来日。福岡県の日本語学校に入学した。

「当時はお金がなかったのですが、どこに行っても日本人はとても優しかった。道を聞いたら目的地まで案内してくれたり、アルバイト先の方も親切にしてくれて、いろいろなものをいただいたり……。そして日本がどんどん好きになりました」

もともとファッションに興味があったことから、東京デザイナー学院に入学。ヘアメイクやネイルなどを学び、卒業後はエステの会社に内定をもらったが、その会社では就労ビザが下りないことがわかり頓挫。結局、中国にも支社があるアパレル会社に就職した。

「ところが就職して4年で会社が倒産。どうしよう、と思いましたが、いつか独立したいという希望があったので、自宅をオフィス代わりに、思い切って会社を立ち上げました」

そして、設立したのがＳホールディングスだ。社名にはＳＡＩＫＯＨ（最高）、ＳＰＥＥＤ（スピード）、ＳＭＩＬＥ（スマイル）の３つの意味を込めている。

ＯＥＭ・ＯＤＭ（相手先ブランドによる設計・生産）からスタートし、18年にはオリジナルブランドの「ＡＢＩＴＯＫＹＯ（アビトーキョー）」を立ち上げ、ＺＯＺＯＴＯＷＮなどで販売している。

現在、力を入れているのが21年に開設したＥＣサイト「１８９９モール」だ。99は中国で縁起のいい数字。「みんなに幸せになってもらいたい」という意味の造語「一富天地」から名づけた。中国で最も有名なアリババのサイト「１６８８」も意識した。

取り扱っているのはアパレル、コスメ、アクセサリーなどだが、特徴的なのはその販売手法だ。ここ数年、中国で流行し、中国で売り上げ拡大に寄与している直播《ジーボー》（ライブコマース）を日本企業としていち早く取り入れた。

サイト内の各店にライブコマースの機能を入れ、顧客にわかりやすく商品を伝えるようにした。有名ライバーを起用するほか、東京モード学園と組んでライバー育成にも取り組んでいる。

「中国への越境ECも始める予定です。日本のいいものを中国や海外に持っていきたい。昔、日本に来る前、日本のブランドは高くて品質がよく、憧れの存在でした。私は中国生まれですが、日本は第二の故郷。日本のよさをもっと中国に発信したいし、日本のアパレル業界を活性化したい。もう一度、日本の価値を取り戻したいと思っています」

中国人であることが仕事の上でプラス・イメージに

次に、「NeoX」（東京都渋谷区）CEOの何書勉氏を紹介しよう。何氏は78年、上海市で生まれた。祖父が日本に留学した経験があったことから、日本には親近感を抱いていた。

「中学時代から日本語を勉強していたので、日本で挑戦したいと思い、やってきました」

京都大学に進学し、同大学院でコンピュータサイエンスなどを学んだのち、楽天に入社。その後、GREE、プロパティエージェントなどを経て、17年にNeoXを設立した。

同社が話題になったのは中国人向け不動産情報アプリ『神居秒算《しんきょびょうさん》』だ。何氏は中国人が日本国内の不動産購入に興味を持っていることを旅行先で偶然知り、同アプリを開発、立ち上げた。

ちょうど「爆買い」ブームのあとだったが、中国でも注目され、中華圏の投資家と日本の不動産をマッチングする中華圏最大級の日本不動産プラットフォームとして話題になった。

だが、20年、何氏はこの『神居秒算』事業をＧＡテクノロジーズに譲渡した。現在、力を入れているのは調剤薬局向けのＡＩ－ＯＣＲ処方箋読取システム『薬《やく》師《し》丸《まる》賢《けん》太《た》』だ。

「22年1月にリリースしました。薬局で紙の処方箋をレセコン（レセプト＝診療報酬明細書を作成するコンピュータシステム）に入力する業務に膨大な時間がかかっていて大変だということを知り、このアプリを開発しました。これはＡＩ－ＯＣＲ技術を活用して、紙の処方箋を瞬時にデータ化、処方箋入力作業のミスの軽減や効率化を目指すものです。

以前は入力するのに1枚5分くらいかかっていたそうなのですが、それがいまでは1枚1分くらいに短縮できています。既存のスキャナやスマホで読み取ることができますし、精度も項目一致率で98％と高くなっています。

開発する際に感じたのは、日本の医療従事者は真面目すぎる、ということです。処方箋の入力作業を面倒くさいとは思っていない。私はＩＴの仕事をしてきたので、こういう作業こそコンピュータに任せ、人間は入力よりもチェックに回ったほうがいいと考えました。

日本全国には約6万店の薬局があるのですが、地方では人手不足で薬剤師が一人しかいないところもある。受付から入力、調剤まですべて行うこともあります。人材もなかなか採用できない。こうしたシステムがあれば、社会の役に立てると考えたのです」

同システムを多くの人に紹介するため、何氏は全国各地を駆け回る。エンジニアであり経営者でもあるが、最近、中国や在日中国人起業家である自身に対して、世間の目が少しずつ変わってきたと話す。

「以前はあまりいいイメージはなかったように思います。同じビジネスでも、中国や中国人と聞くと、マイナスに受け取られがちでしたが、いまでは技術もわかり、日本のニーズや商習慣も理解している在日中国人起業家が増えています。

来日して25年経ちましたが、その間に中国でもＩＴが発達しました。私がこういう企業を経営しているというと、むしろ中国人であることが追い風になり、プラスのイメージで見てもらえるようになりました。時代は変わってきたと感じます」

中国に進出すれば、もっとチャンスがあるのでは、と聞かれることもあるそうだが、何氏は首を横に振る。

「進出しない理由の一つは、中国ではどんな分野でも、超大手で、資金力とノウハウがなければ勝ち抜けないからです。動きがあまりにも速く、お金の回収でも苦労します。

もう一つは意味のない価格競争はしたくないからです。自分は、日本ならではの社会的課題をＩＴで解決したい。高齢者にも安心して使っていただけるシステムを作るのが自分の使命だと思います。とにかくいい技術を作って、日本社会の役に立ちたいという気持ちです」

第　3　章

日本のビルは、
上海のマンション1室の価格

中国系企業に勤めながら、都内で不動産を買う理由

東京都港区六本木――。ライトアップされた東京タワーの夜景が見える高級会員制クラブにたびたび足を運んで優雅なひとときを過ごす30代後半の中国人男性がいる。東京都内の中国系企業に勤務している徐文奇氏だ。

仕事は多忙でプレッシャーも大きいが、得意先や友人を誘って、時折このクラブを訪れ、ワインを飲んだり、美味しい料理を食べたりして、リラックスするのが楽しみだという。

個人会員の入会金は約130万円、年会費は約20万円。徐氏が入会できたのは、年収約2000万円の有名企業のエリート社員だからというだけではない。それ以外にも副収入があり、生活にはかなりの余裕があるからだ。

副収入は不動産によるもの。彼が都内で所有している物件は4戸で、大崎、池袋、そして目黒に2戸だ。購入時期と購入時の金額、そして取材時（2022年秋）の価格を聞いた。

「大崎駅近くの物件の面積は約67平方メートル。購入時の価格は約8300万円。現在は1億1000万円ほどです。池袋の物件は投資用のワンルームマンション。19年に約2300

万円で購入後、2900万円にまで跳ね上がっています。目黒の物件のうち、1戸は3600万円で購入し、現在は4000万円になっています。

10年くらい前、初めて千葉県の郊外に約100平方メートル、約2840万円の物件を買いました。そこは通勤が不便だったので3100万円で売却したのですが、それ以降、投資用マンションを次々と買うようになったのです」

いろいろ経験を積み、不動産を買う条件として3点を挙げる。まず最寄りが大きな駅であること、駅から徒歩6分以内であること、資産価値の高いJR山手線の南側であることだ。

「一つの物件だけでも毎月の家賃収入は30万円以上あるので、自宅のローンがカバーでき、家賃収入で固定資産税も賄えます。いまの会社に今後も勤めたいと思っているのですが、定年になったら、毎年不動産だけで600万円ほどの収入になる計算です。老後の生活費には困りません。老後の準備は万全です」

徐氏が不動産を買うようになったのは、もちろん、資産を増やすことが大きな目的だが、「老後の不安」が常に念頭にあり、それを払拭するためでもあったという。

彼の生活は安定しているが、常に「老後」を考えるのは、脳裏に母国・中国の国内事情がちらついているからかもしれない。

日本以上のスピードで少子高齢化が進む中国では、老後に不安を覚える人は少なくない。多くの中国人がわざわざ日本まで不動産を買いにやってくるのも、投資目的やプロローグで紹介したような中国社会の不安定さだけが理由なのではない。

中国バブルが崩壊する可能性、不動産不況、政治問題など、国内のリスク要因がとても多く、自らの老後が心配だから、資産を海外に持ち出せる人ならば、どこかに財産となる「モノ」を所有しておきたいのだ。90年代初頭まで不動産すら所有できなかった中国人にとって、何かを買う＝モノを持つ、という認識だ。

そうした〝習性〟は日本に住む徐氏にも備わっているようだ。中国で健在の両親は不動産も所有するが、「この先、何があるかわからない」と徐氏は繰り返す。多くの中国人から同様の話を聞いた。

後述するように、中国の医療体制の脆弱さ、医療の構造的問題も、海外で不動産購入に走ることと関係がある。日本に家を持ち、永住権や国籍を取得して、日本の医療を受けながら老後を過ごせたら本当に心から安心する、という中国人が多いのだ。

中国で現金は、ある日突然紙切れに変わってしまうかもしれないが、日本の不動産ならばリスクは低い、と彼らは考える。

むろん、日本の不動産にも価格下落リスクはあるが、そこは「自分でじっくり不動産を研究し、危険な物件には絶対に手を出さないように注意するしかない」と徐氏。現に、彼は約10年間の不動産投資で損をしたことは一度もなく、資産は増え続けている。

日本に住んで20年になる徐氏にとって、日本は「第二の故郷」。日本が大好きで、今後も住み続けようと思っているので、そのためにも不動産を買い続けたいという。

アルバイト感覚で不動産業を始める在日中国人

22年夏、2年半ぶりに東京にやってきた上海在住の中国人女性、黄剣氏も東京と大阪に各1戸、不動産を所有している。日本語が堪能な黄氏は来日のたび不動産管理会社の担当者に会ったり、周辺相場をチェックしたりして、メンテナンスを怠らない。

黄氏自身、ふだんは不動産以外のビジネスを行っているが、日本に滞在した2カ月間、上海に住む友人数人から問い合わせがあり、日本の不動産を仲介、そのうち3件が成約した。

「日本に住む中国人の知り合いに紹介してもらい、軽井沢で約3000万円の物件を仲介しました。その時期、円安が加速していたので割安だと思ったのでしょう。いまのところ、友人はそこに住む予定はありませんが、もし後になってそこが売れなかったとしても、自分が住んでもいいと思える物件を探してほしい、という注文でした」

実際に黄氏が現地で物件をチェック、太鼓判を押したので、上海の友人はその物件を見ることなく購入を決めたという。日本での休暇中、気軽に不動産仲介をして手数料収入まで得てしまう中国人がいることに驚くが、黄氏はいう。

「データはありませんが、いま都内だけで少なくとも500以上、中国系不動産事業者があると思いますよ。以前よりもずいぶん増えました。15～16年頃の爆買いブームが終わり、20年にコロナ禍が始まって、インバウンド関係の仕事はほとんど開店休業状態になりましたよね。困った在日中国人にとって、手っ取り早く始められるのが不動産業だったのです」

インバウンド関係では、個人で越境ECを行うなどアルバイト的にできる仕事もあったが、コロナ禍で郵便事情が悪化し、そうした仕事も減少した。

しかし、日中間の往来がストップしても、在日中国人の間だけで商売ができる。コロナ禍の初期、在日中国人の中には独自ルートでマスクや消毒液を入手し、同胞に売りさばいた人もいたが、不動産についても同様のやり方だ。

在日中国人も中国に住む人と同様、不動産の購入希望者が非常に多く、日本国内の中国人のマーケットも相当大きい。

不動産業は特別な技能を必要としないので、アルバイト感覚で始める人も多い。そのため、不動産を生業としている在日中国人にとって、ライバルは日本の不動産業者ではなく、副業で不動産業を始めた中国人なのだという。都内の中国系企業に勤務する30代の会社員の中国人はいう。

「私の友人の中にも、日本の会社に勤めながら不動産のアルバイトをしている人が数人います。本業の合間に顧客からの問い合わせにも応じられるし、週末は物件を案内することも可能ですから、アルバイト感覚でやっているようです。

成約数が多ければ、手数料だけでもかなりの収入になりますし、そっちのほうが儲かるようになったら、日本企業は辞めてもいいと思っているようです。宅建（宅地建物取引士）の資格を取ろうと勉強中の人も多いですよ」

物件内覧で日本人業者の気遣いに感心する

前述の黄氏によれば、在日中国人の不動産業者の顧客は主に「在日中国人」「中国在住の中国人」「その他の外国に住む中国人」「台湾人」「香港人」に分けられるという。

中でも、最近増えているのが、「その他の外国に住む中国人」で、とくにアメリカや豪州などに住む富裕層だ。彼らは「日本は中国に近いし、物件は欧米と比べ激安。中国に帰省するついでに立ち寄って別荘代わりに使ったり、貸し出したりして家賃収入を得たい。とりあえず日本の不動産を2つ、3つ買っておこうか」という感覚だそうだ。

都内で働くある中国人は、友人の紹介で欧米在住の中国人富裕層たちと知り合った。彼らと在日中国人不動産業者との間に立ち、また観光案内や雑用など3日間サポートして、日本円で20万円のアルバイト料をもらったそうだ。

中国圏の人々のための不動産ビジネスを営む在日中国人の中には、日本の不動産会社のようにオフィスを構えているところもあるが、自宅兼事務所で営業している人もいる。私が日頃チェックしているウィーチャットにも、数人の中国人が頻繁に不動産情報を流している。

彼らが紹介するのは、東京、千葉、神奈川、埼玉などのマンションや一戸建てが多い。

3LDKなどの一般的な物件のほか、投資用のワンルームマンションや、さらにはプールつきの豪邸もある。すべて中国語で、中国人向けに間取りや日当たり、キッチン周りの情報、利回りなどを記載している。先に紹介した30代の中国人会社員はいう。

「在日中国人の不動産業者は激しい競争をしています。私も中国人の友人から、不動産を買わないかと何度も声を掛けられました。不動産仲介の手数料は通常3％といわれていますが、2％、あるいは1・5％でもいいですよ、といって近づいてくるのです。

手数料の値引き合戦は日本の中小業者も行うそうですが、中国人の場合、少し強引なところもあります。SNSでの連絡も頻繁で、とにかくしつこい。ここだけの話、在日中国人からは不動産を買いたくない、という話もよく聞きます」

本章の冒頭で紹介したエリート会社員、徐氏も「在日中国人からは買わない」ときっぱりいう。徐氏には自分自身で決めたスタイルがあるそうだ。

「私がメインで取引しているのは日本の中小の不動産会社、数社です。大手、中小とも日本の不動産会社はアフターケアがしっかりしていて、担当者も責任感があるので、私は日本の会社とつき合っています。

新しい情報は大手のほうが多く持っているので、まず大手から情報を得て、その情報を中小に流して詳細を調べてもらいます。どちらからも情報を得た上で、実際に取引するのは、融通が利いて、ふだん懇意にしている担当者がいる中小。私はこのように使い分けています。

ある日、私が一人で物件を見に行ったとき、日本の不動産会社の担当者が『今日は、奥様はご一緒じゃないのですか。次は奥様と一緒にいらしてください』といったのです。女性目線だとキッチンの位置、昼間の日当たり、ベランダの広さなど、細かいところに気がつくからで、後々揉めないためにも、物件は夫婦や家族、子どもも含めて一緒に見ることがよいそうです。私はその話を聞いて、とても感心しました。

中国系不動産業者からは、こういった気遣いは受けたことがありません。中国系は売買のときの愛想はとてもいいし、連絡もスピーディーですが、アフターケアはあまりありません。それに、担当者がすぐに辞めたり、独立したりする。購入から半年後、久しぶりに担当者に連絡すると、もうその会社にはおらず、退職の挨拶もなかった、ということがよくあります。だから、私は日本の不動産会社のほうを信頼しているのです」

中国人が離職する際、取引先に挨拶をしないというのは、よくあることだが、不動産会社でもそれは同じなのだ。

「日本は外国人の不動産購入に、規制があまりないですから」

22年10月、東京のJR山手線、御徒町《おかちまち》駅から徒歩5〜6分の場所にある不動産会社「Ｗｏｒｔｈ　Ｌａｎｄ」代表取締役の杉原尋海《ひろみ》氏を訪ねた。

杉原氏は91年、上海市生まれの中国人だ。留学のため11年に来日して、すでに10年以上になる。専門学校を卒業後、もともと興味があった不動産業界に入った。まだ30歳を過ぎたばかりだが、年収は軽く1億円を超える。

社員は数人いるが、多くの実務は杉原氏自身が行っている。物腰は柔らかく丁寧で、日本語も流暢。私が事前に準備した質問にも目を通し、すべてに回答してくれた。

杉原氏によると、同社も他の中国系不動産会社と同じように、顧客の大半が中国人や在日中国人だという。

「コロナ前は中国各地で不動産セミナーを開き、超富裕層も含め、数多くの問い合わせがありました。実際に来日して不動産を買って帰る中国人が非常に多かったです。

コロナが始まり、彼らが来日できる機会が減り、今は在日中国人の顧客が多いですが、状況が変われば、再び中国から来日する人が増えるでしょう。かつてないほどの『不動産の爆買いブーム』が起こるのでは、と予想しています」

中国の顧客が日本の不動産に感じている魅力は、すでに紹介したように、欧米に比べ治安がよいこと、距離的に近いことに加え、利回りが安定しているという点もあるという。杉原氏によると、一等地なら利回りは4%の物件もあり、4~6%が人気だ。

「日本は利回りが安定しているので、不動産を貯金のように捉えている中国人もいます。

中国人顧客は資産のリスク分散も目的としています。中国に全財産を置くことに不安があり、資産を分けて管理したいのです。欧米では外国人の不動産購入に制限がある国が多いですが、日本ではあまり規制がありません。だから日本でできるだけ多く不動産を買いたいと思っている人もいます」

日本に不動産があれば老後の住居の心配がない、日本は医療設備が整っていて、介護サービスなども充実していて安心なのも大きい、と杉原氏も語る。日本に留学中の子どものために不動産を買い与え、自分たちが来日したときに泊まりたい、と希望する親も多いそうだ。

7000万円、上海で買えるマンションは25平方メートル

日本で不動産を買える中国人富裕層とはどのような人々か。

杉原氏によると、「1～3億円の現金をポーンと出せる人、1棟買いができる人です。(22年の)円安傾向で、彼らにとって日本の不動産の安さが際立ちました。まさにバーゲンセール状態。何しろ、日本のビル1棟は上海のマンション1室分の値段ですから」という。

プロローグで紹介した男性が購入した豊洲の7000万円のマンションについて、上海在住の別の友人に話したところ、「それはとても安い」と語っていた。

友人の話では、上海の中心部なら1平方メートルで平均7～8万元(約133万円～152万円)。7000万円で単純計算すると35平方メートル分になる。中国では外廊下など共用部分も入れて計算するため、7000万円なら、実質25平方メートルのワンルームマンションしか買えないことになるからだ。

杉原氏はいう。

「日本の不動産は安いので、ホテルや旅館を買いたいという人もいます。一般のマンションを買うよりも利回りがいいし、ビジネスとして広がりがあるからです。私のお客さんに人気なのは、富士山周辺の温泉ホテル、旅館、リゾート施設、ゴルフ場など。富士山は中国でも知名度が高く、ブランド力があり、東京からも近いので、問い合わせも多いです。

ただし、落とし穴もあります。古い温泉ホテルや旅館は、温泉の元栓が壊れることがたまにあります。修繕しなければ使えないなど、かえって高くつく場合も。ですので、古い物件には手を出さないという人もいますね。

中国のお客さんからは成功事例よりも失敗事例を教えてほしいといわれます。日本ではよほど変な物件に手を出さない限り、大損はしないのですが……」

温泉ホテルを投資用ではなく自身や家族、ビジネスのために買いたいという顧客もいる。自分のプライベートクラブ（中国語で会所《ホイスオ》）として改装し、中国から取引先が来たときに使いたいというのだ。

中国では富裕層が利用する「会所」が流行っている。一般の人にはその存在が知られず、限られた人（ＶＩＰ）しか利用できない、特別感や高級感があるところ、というイメージだ。

「河口湖にある知り合いの会所は野生の鹿が庭にくるなど自然が豊かで、富士山が見える、ゆったりしたところです。そこにお客様を案内すると、皆、自尊心をくすぐられて、大喜びします。

日本人の管理人が常駐していますが、お客様を招いたときは、東京の有名な和食料理店の板前やミシュランの星つきレストランのシェフをわざわざ呼び寄せることもあります。

プライベートな空間で、最高級の懐石料理などをサービスしてもらい、日本のワインや日本酒をたしなみつつ、商談や私的な会話をする。至福の時間だと喜ばれています」(杉原氏)

熱海で最高級クラスの温泉ホテルも中国資本

中国人による日本のホテルや旅館買収は、コロナ禍以降も水面下で進んでいる。静岡県熱海市や神奈川県箱根町は買収を考える中国人にとって人気のエリアだ。

22年9月に開業した『熱海パールスターホテル』も中国系投資会社「国際観光資源開発」の出資によるものだ。温暖な熱海を象徴するようなサンビーチや有名な撮影スポット「お宮の松」の目の前にそびえる。かつて、老舗の「つるやホテル」があった場所で、いまも熱海の一等地だが、周辺の旅館やホテルと違って高級感が漂う。

23年2月、旅行予約サイトでチェックするとプレミアスイートが一人1泊16万円。コロナ前、年間の観光客数が300万人以上だった熱海では、旅館やホテルの値段が高めに設定されているところが多いが、同ホテルはその中でも最高クラスで、現地では「中国人と日本人の富裕層向けだろうか」と噂されている。

以前、熱海で板前をしていた知人に話を聞いてみた。すると、「腕のいい日本人板前は日本のホテルよりも高い給料でそういう高級ホテルに引き抜かれているようです」という。

同様に、ホテルや旅館買収計画は山梨県富士河口湖町、群馬県草津町などで増えている。いずれも温泉が昔から有名で、東京から近いという共通点がある。

スキーができないのにニセコを訪れる人々

中国資本に買収された宿泊施設に関する統計はないが、経営者が引退したタイミングで売りに出され、在日中国人不動産業者などを介して中国の富裕層の手に渡っている。

同様の動きは他の都市でも加速している。とくに中国資本が大量に入っているといわれるのが京都の町家や北海道のリゾート地だ。北海道といえば欧米人、とくにオーストラリア人が多く集うニセコが有名だが、昨今、ニセコに急増しているのが中国人だ。

中国で最初に北海道が注目されたのは08年。中国で大ヒットした映画『非誠勿擾《フェイチェンウーラオ》』（邦題・狙った恋の落とし方。）の舞台が道東だったことから、中国で最初の北海道ブームが起きた。以降、雪がほとんど降らない上海以南などに住む富裕層の間でも注目され、とくにニセコのパウダースノーは中国人の憧れの存在になった。

北海道経済部観光局のデータによると、コロナ前の19年、北海道を訪れた中国人観光客は約59万４０００人と、全外国人観光客の４分の１を占めた。

雪が降らない中国南部、広東省広州市に住む40代の知り合いは、以前日本に住んでいたときにスキーを覚え、コロナ前までは、毎年、春節前の比較的航空券が安い時期に北海道までスキー旅行に出かけていた。

その人は「16～17年頃だったか、ニセコに急激に中国人が増え始めたな、と感じました。スキーはできなくても、投資目的で、高級コンドミニアムなどを見学したり、投資の相談に来たりした人もいたようです。香港やシンガポールの人も多かった」と話す。

その人が現地のコンドミニアムの人と話したところ、「外国人の投資でニセコの地価が上がっている。おかげでニセコが潤っている」といい「自分は喜ばれているように感じた」という。

「土地の買い占めで、日中関係を悪化させないでほしい」

中国人の買収で問題になっているのが水資源だ。21年8月21日付の西日本新聞によると、熊本県の水源地を北京市の不動産投資会社が数年前に購入していたことがわかった。その後、現地に建物などは建設されていないが、同様の動きは他県でも起きている。

爆買いブームの初期、中国人は単に免税店やドラッグストアで買い物をしていただけだったが、日本には、外国人が土地や不動産購入を制限する法律があまりないとわかり、日本にとって大事な資源である水や森林までが、彼らによって、粛々と「爆買い」されている。報道されると一時的に「規制がないのは国益を損ねる」とネットを中心に騒がれるが、報道から時間が経てば、忘れられてしまう。

中にはあまり価値がないと思われる山間部の土地や小さな島までも買われている。先述したように、23年2月にも、中国人が沖縄県の無人島を購入したことが話題になったが、そうした点について在日中国人はどう思っているのか。知人に聞いてみた。

「日本人から見て利用価値がないと思われる土地でも、たとえば中国人向けレジャー施設をつくるとか、何かに利用できるのでは、と思って買っていると思います。中国ではできないことが、日本では安価で実現できるので、何かに使える、と考えるのでしょう」

別の知人はこういう。

「結果的にその土地で経済活動が行われれば、周辺経済も潤うなど日本への貢献につながる可能性もあるとは思いますが、日本人は決してそうは受け止めない。恐怖や怒りを感じます。だから私は個人的には、（中国人による日本の土地の）買い占めには絶対反対です。必要以上のものまで買って、日中関係を悪化させないでほしい」

やや古いデータだが、林野庁の統計によると、17年に外国の法人または個人が北海道で買収した森林面積は東京ドームの約11個分（約53ヘクタール）。そのうちの約半分（25・43ヘクタール）は香港を含む中国系資本によるものだった。

折に触れて報道される中国人の水資源や土地の買収問題。日本政府は22年秋、安全保障面で重要な土地の利用を規制する「重要土地等調査法」を施行した。内閣府のサイトによると、北海道、青森県、東京都などにある場所が該当するが、前述の沖縄県の無人島は該当しなかった。

日本政府が手を打たないでいる間に、日本のものがみな中国資本になってしまうのではないか、街が乗っ取られてしまうのではないか、と心配している日本人は多い。

抜群なロケーションにある残念なホテル

爆買いブームの頃、地方出張が多い日本人の友人は「(中国人観光客のせいで)明らかにホテルの予約が取りにくくなった」とこぼしていた。

受験シーズンの2月、東京都内のビジネスホテルの予約が、春節で来日する中国人にすべて押さえられてしまい、受験生が近隣の県まで足を延ばさないと宿が予約できないということもあった。

その日本人の友人が、名古屋のビジネスホテルに宿泊したとき、朝食で利用するレストランやロビーの飾りつけがすべて真っ赤で、中国語の垂れ幕もあり、中国人観光客仕様になっていたという。

朝食のバイキングは、早朝に観光バスで出発する中国人が優先で日本人は後回し、大浴場の浴槽にスリッパがプカプカ浮いていた（当時、日本の大浴場の入り方を知らない中国人がいた）といって、憤っていた。

先に紹介した黄氏は、22年の夏、友人から誘われて山梨県の山中湖付近にあるホテルを訪れた際の体験を話してくれた。

「知り合いが予約してくれた1泊8000円くらいの安いホテルに泊まりました。驚くことに、シングルルームの室内にトイレもバスルームもない。どうやら日本企業の研修所か保養所だったところを改造してビジネスホテルにしたらしいのです。

部屋が質素なのは構いませんが、メンテナンスが行き届いていなかった。私は8000円の価値もないと思いました。

ロビーから雄大な富士山が見える絶好の場所にあるのに、大きな窓ガラスは汚れ、部屋の隅や棚にはホコリもたまっていたのです。私は『ここはきっと中国人の経営に違いない』と確信しました。あとで確認してみると確かにその通り。

私自身も中国人ですが、こういう残念な経営をしているホテルを見ると、悲しい気持ちになります。

買収した中国人が、あまり修繕に手をかけず、ただ安いビジネスホテルとして運営している。おそらく経営者自身はそこに泊まることはないでしょう。

ただの投資として買収しただけかもしれませんが、こういう無責任な行為こそ、日本の観光地の評判を落とすことにつながると感じました。

これが日本のビジネスホテルのスタンダードだと彼ら（中国人の団体観光客）に思われるのは残念だし、彼らの日本の印象も悪くなると思いました。もちろん、ここに泊まる日本人だって、嫌な気分になるでしょう。

日本人は詳しい事情はわからないかもしれませんが、中には、このホテルが中国系の資本になったから質が落ちたのだと屈辱を覚える人もいるのではないでしょうか」

とにかく現金以外の資産に分散させたい

土地や森林、水資源などの売買には、たいてい日本事情に詳しい在日中国人が介在し、日本人の知らないところで「日本買い」が進められている。

そもそも、中国人は中国国内にいても不動産の購入に非常に熱心であることは前述した通りだ。背景にあるのは中国特有の不動産事情だ。

中国人が不動産を購入できるようになったのは90年代以降だ。78年の改革開放以前、中国で住宅を建設、または管轄していたのは地方政府や国有企業などで、不動産は民間に開放されていなかった。

中国では住宅分配制度がとられており、都市部に住む人々はすべて「単位《ダンウェイ》」(当時の国営企業や政府機関、学校、軍などの組織)に所属していた。住宅はその「単位」から非常に低い家賃で貸し出されているもので、多くの人は「単位」の近隣にある住宅を割り当てられ、そこに住んでいた。

中国では、土地は国家のものであり、企業や個人の売買は禁止されているが、土地の使用権は地方政府、または国家の許可を得れば取得できる。住宅の場合、その使用権は最長で70年までとなっている。

90年代後半になってようやく分譲住宅の開発や販売が進み、それまで住んでいた住宅は、かなり低価格で払い下げられるようになった。

その不動産は一定期間を経て転売が解禁されるようになり、それによって得た利益を元手に新たな不動産を購入したり、新規ビジネスを始めたりして財産を築いた人が多い。北京や上海などの大都市にもともと住んでいた人の9割以上が、少なくとも自分の不動産を所持しており、2軒以上所有している人も多い。

このような経緯に加え、中国では前述したように、不動産（モノ）を手に入れたいと考える人が多い。不動産、宝石、金（ゴールド）など、現金以外に価値が変わらない資産を持って、それでリスクヘッジしようと考えているのだ。

だが、国内の不動産は価格が高騰し、地方政府によって規制が強化され、新規購入は難しくなっている。そのため、海外での購入が盛んになっているのだが、そうした理由以外にも、中国人が海外で不動産を買うのには、海外では、マンションなどの賃借が難しいということも関係している。

外国人に貸してくれない、ならば買うしかない

私は第2章で取材した語学留学生フェアで知り合った日本の賃貸専門不動産会社の中国人担当者に、賃貸事情について話を聞いてみた。

この会社では各地の大学や専門学校、日本語学校と提携し、学校案内にアパートやマンション賃貸の案内を送付している。それを見た中国人留学生から問い合わせが来るという。

「通常は学校がある路線の沿線にアパートを借りたいという学生が多いです。1Kタイプが最も多く、1LDKも需要があります。1R(ワンルーム)はキッチンと部屋がつながっているので中国人には人気がありません。油が多い中華料理を作ることが多いので、臭いがついたり部屋が汚れたりするからです。

意外と畳の部屋もダメ。アニメで見て面白そうだというので見学するのですが、洋室で生活する中国人には馴染まないようです。

実際に決まるのは日本人学生と同様、7～9万円の手ごろな物件が多いですが、余裕のある留学生なら15万円くらいでもいいといいますね」

私は以前、『日本の「中国人」社会』（日経プレミアシリーズ）で、JR京浜東北線の西川口駅前の不動産店に入った話を書いた。同駅がある埼玉県川口市は人口（約60万人）に占める中国人の割合が約2％で、中国人がマンションを賃貸することも多いため、駅前の不動産店の店先には、通常、日本の不動産店では見かけない「外国籍ＯＫ」という張り紙があった。

だが、この担当者によれば、川口市は特殊で、基本的に中国人を含む外国人への賃貸は30年前からずっと変わらず厳しいという。

「外国人のお客さんが依頼してきたら、まず大家さんに問い合わせします。でも日本人の大家さんはたいてい嫌がります。高齢の方が多いのですが、かつて外国人に貸してトラブルがあったとか、日本語が話せない人は何かあったとき困るから、というのがその理由。

最近、中国人の留学生は経済的に問題のない人が多く、トラブルも少ない。日本語もある程度できるのですが、それをいくら説明しても、昔の中国の悪いイメージが残っている人が多いので、理解してくれないことが多いです。インド人やネパール人はもっと嫌がります。

ですから、外国人が部屋を借りるときには保証会社と日本人の連帯保証人、緊急連絡先の3つ必要ですし、大家さんを説得しなければなりません。しかし、来日したばかりだと日本人の知り合いはいないですよね。知り合いがいても連帯保証人にはなってくれないかもしれない。だからとても困ると思います」

そうした理由もあって、日本で外国人が不動産を借りるのはハードルが非常に高い。そのため、就職して生活が安定したら、一刻も早く不動産を購入したいという中国人が多いのは当然、とその担当者は話していた。

中国の医療体制への不信感

また中国人が日本の不動産を欲しがる理由として、中国の医療体制について、中国人自身があまり信頼していない、という点が関係している。

少し前の話だが、15年、私は北京にある協和病院の内部を見学する機会があった。

公立の協和病院は、全国的にも有名な三級病院だ。中国の病院は一級から三級まで分類されており、三級が最も医療レベルが高いが、人口と比較してその数は非常に少ない。大都市に集中している上、中国全体の病院の10％未満しかない。

日本でよく目にする街のクリニックや医院は中国ではあまり見かけない。ここ数年、私立のクリニックが増えているが、日本のような身近な存在ではなく、経済的にゆとりのある人が、混雑している公立病院を避け、高額でもいいからと予約して通院するところだ。

中国は公的医療保険制度をとっており、会社員、公務員、自営業者は加入が義務づけられている。都市部の会社員など、たいていの人は医療保険を使って公立病院に足を運ぶが、常に混雑している。

中国の医療保険は日本の国民皆保険のように、全国どこでも保険証を持参すれば診察してもらえるものではなく、地域ごとに運営方法や制度は異なり、その人の戸籍などによって自己負担額の割合も異なる。高齢者、学生、農民は任意加入で、入っていない人も多い。

協和病院の外来の入り口でまず驚いたのは、地方からやってきた患者とその家族十数人が布団や椅子、ボストンバッグなどを置いて順番待ちをしている姿だった。

案内してくれた担当者によると、彼らの多くは、農村では治療できない病気のため、十数時間かけて北京の大病院までやってくるが、順番待ちをしている数日間、ホテルに泊まるお金がないので、入り口付近に座っているという。夜になると、玄関ホールに布団を敷いて寝る人もいると聞き、さらに驚かされた。

受付から入院病棟まで各フロアを見せてもらったが、たとえば医療費は、現在も一部の病院を除いて、基本的に前払い制だ。入院中も同様で、支払いをしないと治療は一切してもらえない。

ちなみに中国は完全看護ではなく、着替えや食事の介助、診察の付き添いなどのため、ヘルパーを雇うのが一般的だ。

手術前の「付け届け」は減りつつある

22年末、杭州在住の友人に聞いたところ、杭州市の相場ではヘルパーの1日の日当は360元（約6840円）。5日入院すると、5400元（約10万2600円）かかる。

15年当時、協和病院の病棟は6～8人の病室（大部屋）で、ベッド間のカーテンは開けっ放しだった。患者同士が情報交換するためで、「自分だけ騙されていないか」、気をつけているのだという。当時、カーテンを閉めている人は一人もいなかった。

当時も、医師への付け届け（現金や家電製品、宝石など）は禁止されていたが、「わざわざ禁止にするということは、やはり、裏では行われているのだろう、付け届けをしなければ、いい治療はしてもらえない、と裏読みしている患者もいる」と担当者は話していた。

しかし、19年、上海在住の女性の証言によると、夫の手術前、手術に立ち会う医師、看護師全員に付け届け（現金）を手渡そうとしたところ、医師から拒否された。「心配しないで、きちんと手術しますから」といわれ感動したそうだ。付け届けの慣例は完全になくなっているわけではないが、徐々に変わってきていることも確かだ。

外来の診察室にも、中国ならではの特徴がある。15年に見学したときには、外来の診察室のドアも常に開いていて、外で順番待ちをしている人にも、医師が患者に説明している声が聞こえた。室内を覗き込んだり、中まで入り込んで、なぜか他人の病気の説明を一緒に聞いたりする人もいた。

知人に聞いた話では、診察室内で医師がする説明に激高し、医師を殴る人もいるそうだ。とくに地方から大都市の三級病院に行くのには、多額のお金を用意し、藁にもすがる思いでやってくる人が多い。その分、医師に対する期待が大きく膨らんでいるが、大病院での診療時間は数分と非常に短いため、絶望感にさいなまれるのだという。

19年、上海の複数の病院に足を運んで確認してみた。一部の診察室のドアは閉じられるようになったものの、まだ一部は開いており、次の患者が室内の診察の様子を見ていた。医療設備などは急速によくなっているが、地方に行けば、まだ15年当時とあまり変わっていないかもしれない。

玄関に置き去りの患者、優遇されるVIP患者

23年初頭、中国各地でコロナの感染が急速に拡大しているとき、病院の廊下や玄関ホールにまでベッドや担架、車椅子を並べて点滴をしている様子を日本のテレビニュースで見た、という人もいただろう。玄関ホールに入り切れず、屋外で点滴をしている人もいた。

多くが高齢者で家族が付き添っていたが、中国では患者の家族が、患者のベッドや担架を廊下やエレベーターまで自ら運ぶ。17〜18年頃、私は大連の大病院の玄関ホールで、患者が寝たままのベッドが、数十分間、置き去りにされているのを目撃した。

このように、中国では、感染爆発して病床が逼迫しているときでなくても、患者がぞんざいな扱いをされることは珍しくなかった。

また、中国の病院の特徴といえるのが、VIP（中国語で特需《ターシュー》）専用の診察室や病棟だ。

政府の高官、富裕層、特定のコネを持つ人が利用できる診察室で、大混雑する一般外来と違って、ほとんど待ち時間なく、有名教授に診察してもらうことができる。

日本にも病院により最上級クラスの個室は存在する。ただし、日本では基本的に誰でもお金を払えば使用できるのと違い、中国では、どんなにお金があっても、使用できない場合がある。重視されるのは、病院や政府とのコネの有無だ。

中国の大病院では、ロビーに病院の組織図や沿革、医師の顔写真と略歴が貼り出されている。その筆頭にあるのが有名教授だが、彼らに診察してもらえるのは一握りのVIPだけだ。

特権階級だけが受けられる特別な医療

23年1月、「戦狼外交の顔」といわれた外務省の報道官、趙立堅氏が突然、国境海洋事務局に異動したことが日本でも報道された。急な異動の理由は明らかにされなかったが、噂では、趙氏の妻がSNSでコロナ感染の可能性と医薬品不足を嘆き、「解熱剤が手に入らない」と書き込んだことが背景にあるのでは、と囁かれた（その投稿はすぐに削除された）。

SNS上で「高級官僚の妻が、一体何をいっているのか。彼らが解熱剤を入手できないなんてことはあり得ない」「庶民のふりをして同情を買おうとしている」と猛批判を浴びた。

このエピソードからもわかる通り、中国で政府の重要な地位にいる人は、特権階級であり、ＶＩＰに相当する。公務員専用の病院もあるし、医薬品の特別な入手ルートがあるといわれているので、本当に薬がなくて困っていた国民は激怒したのだ。

夫の仕事の関係で、日中間を往復している私の友人も、義兄がかつてある省庁のナンバー2という高官だった。その義兄が骨折して入院したときの話だ。

「手術にどんな器具を使いますか、と聞かれたそうです。『安い器具は国産だから品質が悪いですよ。錆びるかもしれませんから、高い器具でいいですか。高い器具は輸入品です。保険はききません』といわれ、義兄は通常の20倍の費用を払って手術してもらったそうです。

そこは有名な大病院。義兄はお金もコネもあったから、いい医者に診てもらえたのです。日本でも保険がきかないことはありますが、中国では日本以上に、保険で賄える範囲は狭く、常に医者から『国内製にしますか、外国製にしますか』と二者択一を迫られます」

その友人自身も定期的に血圧の薬を飲んでいる。

「知り合いに頼み、1カ月300元（約5700円）の薬を買っているのですが、平凡な血圧の薬でさえ、国内製か外国製かと聞かれます。

ほかに特権ルートというものも存在します。22年に江沢民元国家主席が白血病で亡くなったことが報じられましたが、義兄から聞いた話では、江氏にかかった治療費は1億元（約19億円）を下らないだろう、という話でした。まさか、と思いますが、本人が支払うわけではなく、すべて政府のお金です。

医薬品に限りませんが、『中南海（政府要人の居住地域）』にいる人々には『特別供与』というものがあり、どんなものでも入手できるそうです」

外国人にも親切、丁寧な医療を提供する日本

このように、ごくわずかの特権階級の人々を除き、中国では相当なお金を出しても、十分な治療をしてもらえないこともある。コロナ禍でロックダウンされた都市では、数億円の資産がある富裕層でも救急車を呼ぶことさえできなかった。

第2章でも述べたが、中国の人々がお金儲けに熱心なのは、いざというときに大金が必要になるからだが、たとえ大金があっても、手に入らないものが多い。そのため、富裕層の中

には、外国人であっても、お金を払えば高度な医療を提供してくれる日本に、健康診断や精密検査、治療などのためにやってくる。

そうした需要を受け、訪日医療をサポートしている在日中国系企業が多数ある。私は中国人の訪日医療、訪日美容（整形、アンチエイジング）、在日中国人向けの医療通訳講座などを手掛ける日本医通佳日代表取締役の徐磊《じょらい》氏を訪ねた。コロナで往来が少なくなったとはいえ、中国からの問い合わせはかなりあるという。

「日本の高度な健康診断や治療を受けたい中国人は非常に多いです。すでに病気にかかっている方であれば、その方の状況をヒアリングし、医学的な資料や画像データなどを提出してもらって日本語に翻訳。その方に最適な医療機関を探し、セカンドオピニオンを求めます。

患者さんの状況によって、日本の医療機関が引き受けられると判断した場合、医療ビザの発行手続きの代行や治療予定表などを作成、診察にも同行し、通訳も行います。実費診療なので、1回の治療（手術など行った場合、経過観察も含めて1カ月半〜2カ月）で数百万円から数千万円かかりますが、それでも日本で治療を受けたいと望む人は大勢います。

中国人が日本で治療を受けたい最大の理由は、日本の医療を信じているからです。治療効果も日本のほうが高いし、医療の環境、医療サービスも中国より断然日本のほうがいい。私個人も日本の医療レベルは本当に高いと実感しています。

翻って、中国ではとにかく患者の数が多すぎる。トップレベルの病院は常に患者があふれていて、一人の治療にかけられる時間は非常に短い。

もし同じ癌患者がいたら、日本のほうが早く治療を開始できます。中国にはＶＩＰ専用の診療部門があっても、日本よりも治療費が高い。

私自身、仕事でこれまで数えきれないほど多くの診察に立ち会いましたが、日本のお医者さんは本当に親切で丁寧、優しいと、毎回感動します。中国の人々が、できれば日本で治療を受けたいと望むのは、ある意味当然です」

第 4 章

中国人を悩ます
母国のモーレツ主義

深夜でも休日でも、お構いなしの電話

在日中国人の中には、母国の仕事の進め方や、社会の変化についていけないと感じ、改めて落ち着いた日本社会の良さを再認識している人もいる。

2022年秋、数年前に取材で知り合った、30代の在日中国人実業家、趙霞氏と久しぶりに再会した。その際、趙氏は、「中国企業のモーレツぶり、ブラックぶりに圧倒された」と語った。

趙氏は数年前に独立し、対中国ビジネスのサポートをする会社を経営しているが、コロナ禍の影響で急に仕事が減り、先行きに不安を感じていたという。

多くの在日中国系企業が事業の方向転換を余儀なくされ、趙氏も新たなビジネスを模索していた矢先、20年の秋頃からクラブハウス（招待制の音声配信アプリ）が流行し始めた。当初、一時的に中国国内からも利用でき、趙氏はそこで偶然知り合った30代の中国人から仕事の依頼を受けたという。

その中国人が働くのは、設立10年未満の中国の新興企業で、ある分野ですでにトップシェ

アを誇るメーカー。社名は明かせないが、21年の売上高は日本円で約1000億円近かった。近年、上海のハイテク新興企業向け市場（スター・マーケット）にも上場したことで中国でも話題になった。

同社の国内での知名度は急速に上がっており、欧米でも製品を販売している。そんな急成長企業のマネジャーと仕事ができることを趙氏は喜び、張り切っていたが、やりとりをするうちに、「ついていけない……」と感じることが増えたという。

「今の中国企業で勝ち抜くには、いかに強い執念を持ち、睡眠時間を削って、馬車馬のように働かなければならないのか、と思い知りました。中国企業と仕事をするには、日本にいようが、どこにいようが、同様のことが要求される、と実感しました」と趙氏は語る。

たとえば深夜0時や1時、週末にも頻繁に電話がかかってくるのは当たり前だ。日本でも業種によってはある、という人もいるかもしれないが、趙氏はこれまで、そのような経験はあまりなかったため面食らった。

趙氏は日本の一般企業に勤務したあとに起業、独立した。中国と日本の間に立ち、主に日本企業の顧客に中国を紹介する立場で仕事をしており、どちらかといえば日本企業のほうに軸足を置いていたが、今回の仕事はその逆だ。

中国企業をクライアントとし、彼らの要求に次々と応えなければならないという立場に初めて立たされた。

「できるだけ」は許されない、「絶対に」だ

中国の仕事のスピードはとにかく速い。「中国速度」とも形容される。たとえていえば、日本企業が1カ月かけてやることを1週間でやり切る。そのために多額の資金を調達し、日本の10倍か、それ以上の宣伝広告費を投入、人員も大量に動員する。週末や夜間でも多くの人が働いている。

プロローグで紹介した、中国を脱出した20代の男性も「日本の会社員の多くは週末、ゆっくり休んでいることに驚きました。中国では友人との旅行にもパソコンを持っていって、仕事があったらその場でやります。完全に休む日などほとんどない。SNSでメッセージがくればすぐ返信する。そうしなければ仕事をさばき切れないからです」と話していた。

中国のビジネスでは、ごく短期間で市場のトップに立たなければならない。絶対にその市

場で勝つのだという執念、執着が強い。

22年秋に出張で来日した鄭新氏は中国で成功する日系企業の社員だ。同社は中国の有名企業と取引しているため、しばしば中国人の仕事にかける執念を垣間見ることがあるという。

「中国では全精力をかけて勝とうとしなければ、二度と這い上がれないくらい打ちのめされます。周囲がすべてそういう環境だから、やらなければならない。

16～17年頃に大流行したシェア自転車もそうでした。「ｏｆｏ」や「モバイク」などいくつもの運営会社が突然市場に現れました。あれも大量のシェア自転車を用意して、利用料を極端に安くし、顧客を一気に囲い込むという戦略でした。当初は儲からなくても、一気呵成に市場を占拠して競争相手を叩きつぶす、勝利したあとで値上げするというやり方です。

当時、シェア自転車市場は「ｏｆｏ」と「モバイク」が優勢で、ほかにも数社あり混戦状態でしたが、あっという間に勝負がつき、最初は優勢だった「ｏｆｏ」も姿を消しました。

携帯電話も各種部品も、皆同じです。価格を安くして、まず市場を勝ち取るという考え方の経営者と仕事をしなければならない場合、我々も巻き込まれ、対応に苦慮します。そういう考えを持たない企業は、中国では少数派です」（鄭氏）

日本で起業した先述の趙霞氏は、自身がモーレツを強いられた経験を語る。

「私自身も中国生まれの中国人です。来日して十数年ですが、コロナ禍でも中国に出張したこともあり、中国の最新情報はアップデートできていると思っていましたし、中国的なビジネスの進め方も理解しているつもりでした。

でも、実際に中国の最前線で働く中国人マネジャーと仕事をすると、精神的なプレッシャーは半端ではありませんでした。

あるときは『○○について1週間以内に数百人を動員して○○してください』といった無茶な要求もされました。『できるだけ』ではなく『絶対やれ』という要求です。私はその企業の社員ではなく、あくまでも外注の取引先ですが、彼らにはそんなことは関係ない。数百人を動員せよ、といわれても無理です。

私は思わず、『うちは少人数しかいない小さなベンチャー企業なので、これ以上は対応できません』といってしまいました。

すると、『あなた、何をいっているの？　あなたたちはベンチャーの名前を侮辱している。ベンチャーならもっともっと努力すべきだ。できない、なんて言葉をいうことはあり得ない。聞きたくない』とまくし立てられました。

私は罵倒されてショックを受け、この企業との仕事を続けるべきか、ひどく悩みました」

「終生社畜」にだけはなりたくない

趙氏は続ける。

「そのマネジャーは私に、『中国人がなぜここまで裕福になったのか、あなたわかる？　私たちはね、外国人の何十倍も働いているんだよ。何十倍も努力している、夜も寝ないで。だから中国はここまでの強国になれたんだよ』といったのです。

ものすごい自信だと感じましたが、冷静になると、それは自信というより、自分に言い聞かせている言葉のようにも思えました。

そのマネジャー自身、中間管理職で上から厳しく命令され、下からも突き上げられ、日々プレッシャーに耐えながら仕事をしていて気の毒だとも思います。その人は私に夜電話したあとも、明け方まで働くのかもしれません。いまの中国では、そういう働き方をしている人が多い。私の脳裏には、ＰＵＡという最近中国でよく聞く言葉が思い浮かびました」

PUAとは、洗脳とかマインドコントロール、パワハラなどの意味で使われる流行語で、今の中国をよく象徴している。

また、中国人のSNSや記事によく出てくるのが日本語由来の言葉「社畜《シャーチュー》」だ。この中国企業でも、きっと社畜になることが求められ、PUAされている人が多いのだろう。短期間で成功した中国企業はどこもそうだ。

中国人は日本人を揶揄するとき「終生社畜」などといったりする。中国人もたまに半分ジョークで「私は社畜だ」といったりするが、「終生社畜」にだけはなりたくないと考えて、短期間にお金を儲け、社畜から抜け出したいと思っている。

先に紹介した鄭新氏によると、40代でリタイアし、「財務自由《ツァイウーズーヨウ》」（お金の心配を一切しなくていい優雅な生活）を目指している人が多いという。そのため鄭氏は取引先の中国企業の担当者から、「材料をこっそり転売してもらえないか」などと持ちかけられることもあるという。鄭氏は語る。

「とくに深圳ではそういう話をよく聞きます。実際、自分も持ちかけられたことがあります。取引先から食事に誘われるときは、たいていそういう話題になるので辛い気持ちになります。私は日系企業の社員として、そんなことは絶対にできないと断るのですが、こういうやりとりを頻繁に持ちかけられる社会にいると、精神的に本当に疲れるんです」

豊かな暮らしには、社内闘争にも勝利が必要

趙霞氏がやりとりした中国企業には、日本留学を経験したのち帰国して入社した人がいて、趙氏も知り合いだった。だが、あまりにも労働時間が長く、毎日ＰＵＡされる生活に耐えられず、すぐに退社したと聞いた。

日本に留学し、そのまま数年働いたあとで中国に帰国しても、現在のビジネス環境に馴染めず、企業のモーレツぶりにもついていけない人が続出している。

日本の有名大学に留学し、中国に帰って有名企業に入社できれば、日本より給料も高く、若くして高級車を購入できるかもしれない。親も喜び、いい暮らしができる。

だが、その生活をキープするには、優秀な国内の人材との競争だけでなく、厳しい内巻《ネイチュワン》（内部闘争、内部消耗などの意味）にも勝たなければならない。趙氏はいう。

「外注企業も、内巻の余波を受け、巻き込まれることがあって翻弄されます。もし外注企業

がその仕事をギブアップしたとしても、割韮菜《グージウツァイ》（ニラ刈り。立場の弱い者が強い者に搾取される現象。刈り取られても、すぐに新しいニラ＝企業や人が生えてくる、代わりはいくらでもいる、という意味の新語）です。

実際、私たち、日本など海外に住む中国人だけでなく、中国国内に住んでいても、企業のモーレツぶりについていくのは本当に大変です。今回、初めて中国の新興企業と仕事をしましたが、中国企業が短期間に急成長する理由を垣間見た気がしました。

そして、あのモーレツぶりにはついていけないとも感じました。私は成熟し切った日本に長年住み、ここでの生活に慣れているからかもしれませんが……」

中国で働いていると忘れる日本の長所

中国企業のモーレツな働きぶりは、中国が低成長期に入り、厳しい競争を勝ち抜かなければならない現状を物語っているとも感じられる。前述の日系企業の社員、鄭氏はいう。

「いったん就職すれば、よほどのことがなければクビにならない、のんびりとした日本とは違い、社内外の競争が激しすぎる中国の生活は息が詰まります。若い社員もどんどん入ってくるので、30代後半くらいになると、新しい技術や情報へのキャッチアップが大変です。

日本では40代後半でもキャッチアップできることがあると思いますが、中国での40代後半は、組織ではかなりシニア。キャッチアップをあきらめるか、そろそろリタイアを考えるか、という年齢です。

中国での生活は住宅ローン、子どもの高額な教育費などがあり、仕事が順調でもプレッシャーも大きい。そんな中国から見ると、日本は仕事のスピードが遅く、何事もゆるく、日本人は一体何をやっているのか、という気持ちになります。キャッシュレスが浸透せず、紙の書類が多く、電気自動車も増えない。アナログな日本のマイナスな面しか見えてこない。

正直、日本は遅れている国だと感じていました。日本に数年間住んだ私でさえ、ネットで流れてくる日本を下げるSNSの書き込みの影響を受けているかもしれません。

でも今回のように、出張で来日すると、そうじゃない（日本が遅れているわけではない）と強く感じます。

たとえば企業が中長期的な計画を立てるところや、人間関係や信頼関係をじっくり築いてから物事を進めることの大切さといった日本の長所が見えてきます。以前、日本に来たときもそう感じたのに、数年経つと忘れてしまっていました。

ですから、ときどき日本に来て、直接、日本人と交流することが大事だとつくづく思います。自分が日本出張で感じたことは、帰国したらすぐに中国人の部下にも話して共有したい。

これは逆もしかり。日本人にもぜひ中国に来て、自分の目で中国のいまを感じてほしい。お互いに相手をネットだけで見ていたら誤解がどんどん膨らんでしまう、と思いました」

「スーパーの肉や魚に目を奪われ」日本永住を決意

22年夏、周浩氏という在日中国人男性と知り合った。共通の友人も、面識もなかったが、「数年ぶりに中国に帰省して感じたことを日本のメディアに伝えたい」と、私の連絡先を探し出し、突然コンタクトしてきたのだ。やりとりを重ねるうちに信用できる人だと感じ、会って話を聞いた。

周氏は70年生まれ。大連の大学で機械工学を学び、92年に現地の日系企業に就職した。大連は日本とのつながりが深い都市で、日系企業も多い。それまで日本との縁はまったくなかった周氏だが、先進国である日本の技術を学べることに大きな希望を抱いていた。

その企業に8年間勤務している間に日本語を習得。日本でエンジニアを募集しているという案内を見て、02年に来日した。

「動機は給料です。当時、日本の給料は大連の8倍でした。憧れの日本で3年ほど働いてお金を貯め、中国に帰ろうという軽い気持ちでした。でも日本に来ると、生活の質の高さ、国民のマナーのよさに驚きました。スーパーで肉や魚がきれいにパック詰めされているのにも目を奪われました。ずっとこの快適な国に住み続けたいと思い、妻子を呼び寄せました」

以来、20年以上の歳月が過ぎた。日本のＩＴ企業でエンジニアとして働く一方、中国との縁はどんどん薄くなっていった。

中国で文化大革命（66～76年）が起きたとき、父方の祖父が理不尽な理由で拘束され、獄中で亡くなったこともあり、父方の親戚の多くは国外へ脱出、欧米で暮らしている。そうしたことも背景にあり、周氏がめったに帰国しなくても、両親は一人息子に「帰ってこい」とはいわなかった。

だが22年、母親が癌で亡くなった。コロナ禍で、中国の隔離期間がまだ10日間あった頃、単身で帰国した。

中国で隔離施設に指定されていたのは、比較的高級なホテルから粗末なビジネスホテルまでさまざまあり、どこに宿泊することになるか「当たりハズレ」が激しかったが、周氏が搭乗したフライトの乗客は運悪く、全員郊外にある鬼城《グイチェン》へと移送された。

鬼城とは、建築されたものの、実際には誰も住んでいない巨大なマンション群のことで、一部は建築途中に放置され、壁紙が剝がれたりしている廃墟のようなところだ。

そのマンションの一室で隔離中、周氏は提供された弁当で食中毒になってしまった。

「同じ乗客グループ130人のうち、自分も含めて11人が激しい下痢や嘔吐、腹痛に襲われました。隔離中、薬は一切出してもらえず、救急車で2時間もかかる病院に運ばれました。私は一晩の点滴だけで回復しましたが、このまま死ぬのでは、と思うくらい辛かった。

中国では救急車を呼ぶのは自己負担なので、私も最初は700元（約1万3300円）支払ったのですが、あとになって、結局、その費用と入院費用はすべて隔離施設側が支払うことになりました。食中毒であることを認めたからでしょう。強い怒りに震えましたが、どうしようもありませんでした」

利便性を考慮せず設計される社会インフラ

周氏は隔離期間を終え、実家に戻ったが、今度は実家のある地区がロックダウンされてしまい、一歩も外に出られなくなった。

「しばらく経って買い物に出かけられるようになっても、私は数年に1回しか帰国していないので、中国での生活に不慣れです。（中国の決済機能である）ウィーチャットペイも使えず、戸惑うことばかりでした。中国での生活は、国内に暮らす中国人にはとても便利ですが、国外からやってきた人にはとても不便、不親切です。

家に閉じ込められたことで、父親とゆっくり話す時間がとれたことだけはよかったのですが、いまの中国について、いろいろと考えさせられました。人口約６００万人の大都市である大連は、デジタルは非常に発達しているのに生活しにくいと感じました。

日本から中国を見ていると、ＡＩを駆使するなど、デジタルが高度に発達していてすごいなと感じます。もはや日本は足元にも及ばないと思う人もいるでしょう。私もそう思っていました。ただ、たとえデジタルが発達していても、管理できていない面が大きい。

たとえば、私がいる間、父親が入院したのですが、受付で個人情報を記入したあと、診察室でも同じものを記入、入院の際にも記入しました。同じものを3度も記入する意味がわからない。なぜ一元管理しないのか。デジタルは発達していてもシステムは不便。つまり、この国ではデジタルが、それを使う人間に対して優しい仕組みになっていないと感じました」

周氏の話を聞いていて、私は10年以上前に感じた中国の地下鉄の乗り換えの不便さ、動線の悪さを思い出した。

北京や上海では、東京以上に地下鉄網が発達、複雑化している。路線図で見て、路線が交差している駅で乗り換えようとすると途方もない距離を歩かされる羽目になる。路線をバラバラに建設し、乗り換えを一切考慮せず、場当たり的に設計しているため接続が悪いのだ。

日本でも比較的新しい路線は不便な傾向があるが、中国の地下鉄の動線の悪さは日本とは比べ物にならない。当時、取材した中国人に「いかに中国の地下鉄の乗り換えが不便か」を切々と訴えると、その人は平然とこういった。

「中国の公共の施設は、すべて管理する側の視点で設計され、使う人の利便性なんて関係ありません。管理する側の人間はタクシーや自家用車で移動して、庶民の足である地下鉄に乗ることなんてないから、わからないのです。庶民は便利な社会で生きたことがないから、どんなに歩きづらくても、『所詮、こんなもの』と思っているのです」

周氏も短い中国滞在中、私と似たような「中国式システムの根本的な不便さ」を感じ取ったようだった。

第　5　章

「日本式おもてなし」の危機

「購入しない客」とわかった途端に豹変

日本のサービスを褒める中国人は多い。しかし日本のサービス力の低下について、2022年秋、数年ぶりに来日した中国人男性から耳の痛い話を聞かされた。

彼は日本に住んだことがあり、家も所有している。来日前「久々の日本。美味しい日本料理や日本式のすばらしいもてなしをとても楽しみにしています」と話していたが、各地で体験した日本のサービスは、彼の期待を裏切ることが多かった。

彼は中国を脱出して、再び東京に住むことを検討しており、来日後、東京都内にある某高級家具店を訪れたという。

「下見のつもりでした。日本人担当者がつき、一緒に50万円以上のテーブルやソファなどを見て歩きましたが、私は今日（購入を）決める予定はないと、あらかじめ伝えていました。しばらく見たあと、気に入った家具がありましたが、部屋のサイズなどを正確に測っていないので、やはり、今日は帰る旨を伝えました。すると担当者は商品の10％の予約金を支払えば、一定期間、家具をキープできると、熱心に予約を勧めました」

そこまでであれば、よくあることだ。だが彼が改めて丁寧に断ると、にこやかだった担当者の表情は一変した。今後、得意客になるかもしれない彼に向かって、こういったという。

「私、あなたのボランティアじゃないから」

その言葉を聞いた瞬間、男性は我が耳を疑い、二の句が継げなくなった。

（これは本当に私が知っている、あのすばらしいおもてなしの国、日本で起きていることなのだろうか？）

しばらく茫然として、自分が何か悪いことをいったのではないか、と落ち込んだ。

別の日、外資系の家具店も訪ねた。その際も同じように「下見」であることを最初に伝えてから店内を見て回ったが、その店の日本人担当者の対応はまったく異なるものだった。

彼が帰ろうとすると、最後まで笑顔できちんと接客してくれただけでなく、翌日すぐに、渡した名刺のアドレスに来店御礼のメールが届き、フォローも忘れなかった。彼はいう。

「私の個人的な体験ですが、他にも都内のさまざまな店を訪れてみて、以前よりも日本のサービスの質が落ちている、対応する店員の個人差が大きくなっている、と感じました。

これまで、私が知っている日本式サービスは、マニュアル教育が徹底されていて、どこでも、どの人が対応しても同じくらい高水準で安心できる、すばらしいものでした。それが日本の強みでしたが、少しずつ変わってきているのではないか……と感じました。自分がたまたまいい店員に出会えば、いいサービスを受けられるけれど、運悪く、そうではない店員に会ってしまったら、嫌な気分にさせられます」

彼は続ける。

「都心にあるやや高めのビジネスホテルに1カ月以上泊まっていたのですが、そのホテルにはフィリピン人、ロシア人、中国人などの外国人スタッフもいました。日によって担当は交替しますが、日本人スタッフより外国人スタッフのほうが、総じて愛想がよかったのです。私が中国人だったということも関係しているのかもしれませんが、これは、私が日本のホテルに宿泊した率直な感想です」

本当に深刻な日本の人材不足……

日本に10年以上住む中国人女性からも似たような話を聞いた。30代半ばの彼女は北京の有名大学の日本語学科出身。同級生は皆日本が好きで、日本語も堪能な人が多い。コロナ前の

19年、「数年ぶりの同級会は東京でやろう」という話になり、中国各地や海外に散らばっていた仲間が都内の飲食店に集合した。

そこで、皆の口をついて出たのが日本のサービス業に関する残念なエピソードの数々だった。その中国人女性が、その場で出た話を教えてくれた。

「ある友人はラーメン店のカウンターに財布を置き忘れてしまったそうです。すぐに気づいて引き返したのですが、店員は『知りません』の一点張り。本当に短い時間だったので不審に思い、監視カメラを確認してもらったら、店員が盗んでいたことがわかったそうです。

財布は返してもらえましたが、日本といえば、『落とした財布が必ず戻ってくる国』『正直者の国』というイメージが強かっただけに、友人は大きなショックを受けたようです。

別の友人は数人で居酒屋に行き、『ここは日本だから』と油断して、レシートをよく見ないで支払ったところ、予想より値段が高かった。おかしいと思ってレシートをよく見たら、注文していないボトルが含まれていたそうです。

店員に伝えたら、すぐに計算し直し、返金されたそうですが、その友人は『わざとだったのでは』と疑っていました。そのようなエピソードがいくつも出てきました」

これらのエピソードは偶然かもしれないし、誤解の可能性もある。だが、彼らが抱く日本のサービスに対するイメージが悪化したのは確かだ。

この話を紹介してくれた女性は、22年末、中国から来日した大手ＩＴ企業の幹部と雑談していたときにも「日本のサービス、以前と比べてあまりよくなくなったと思わない？」と同意を求められたそうだ。

「私自身はインバウンド関係の仕事をしているのですが、そこ（ビジネスの現場）でも疑問に思うことが増えました。サービスの劣化とも関連しますが、日本の人材不足は本当に深刻だと感じます。

あるイベントに行ったとき、本来ならば、担当者はマニュアルに沿って教育されているはずなのに、それができていない、いかにもアルバイトという人がたくさんいました。言葉遣いも大学の同級生と話すようなくだけたもので、中国人の私から見ても『この話し方で顧客対応をするのだろうか？』と思ったほどです。

ある有名ホテルのロビーには、英語しかできないスタッフがいました。おそらく、英語と日本語の両方が話せるスタッフが不足して、やむを得ず、配置したのかもしれません。そういう、その場しのぎの対応が増えたと感じています。

また、仕事で会う日本人とは、お金の話が増えました。仕事にお金が発生するのは当たり前ですが、これまでは、時間をかけて相手との信頼関係を構築し、そのあとお金の話に入ることが多かった。でも最近は人間関係や義理よりも、お金の話が先になる。正直いって、経済的にも、精神的にも余裕がない日本人が増えたのかな、と感じています」

マニュアルに固執、融通が利かない

別の中国人はこんな体験を述べてくれた。

「マニュアル化が徹底できなくなってきて、サービスをする人材の格差の広がりは感じますが、一方で、変なところでマニュアル化が徹底されて、がっかりすることもありました。

先日、アメリカから来日した富裕層の中国人カップルを都内の高級レストランにアテンドしたときのこと。カップルの一人の誕生日だったため、彼らは5000円の持ち込み料を支払って、有名なお店の大きなホールケーキを2つ用意しました。

キャンドルに火をつけたり、歌ったり、その場はおおいに盛り上がったのですが、レストラン側は、衛生上の理由を挙げ、ケーキの持ち帰りは禁止だというのです。

でも、フランス料理のフルコースを食べて満腹なのでケーキは食べられない。記念日の特別なケーキだし、自分たちの責任で持ち帰りますから、と何度も頼みましたが、店側は断固として『申し訳ありませんが、規則ですから、できません』というばかり。

もちろん、ルールはルールだということは、私たちも理解できます。しかし、生ものではないし、レストランから宿泊先のホテルは目と鼻の先。なぜそこまで頑なに断るのか、もう少し臨機応変に対応してくれないのか、と疑問に思いました。日本人スタッフのあまりの頑固さに悲しみや怒りのようなものがこみ上げてきました」

私も似たような経験をしたことがある。ある宴席で、大量に残った料理を皆で分けて持ち帰りたいと店側に伝えたが断られた。涼しい季節で、傷みやすい料理でもなかったが、「お持ち帰りはできません」とのこと。それだけならともかく、私たちが料理を持ち帰らないように、店員がそばでずっと見張っていたのだ。

インバウンドが盛り上がった17~18年頃にも、融通の利かない日本について語る中国人がいた。

「中国への帰国直前、日本の空港で、にぎり寿司を食べたいと思いましたが、私はタコが食べられないので、別のネタに交換してほしいと頼みました。ところがセット内容は変えられないと断られました。

ささいなことですが、なぜできないのか疑問に思いました。自分のお店ではないから勝手に判断できないのかもしれませんが、マニュアルを頑なに守ろうとする日本人の姿勢を不思議に思いました」

深夜12時、ホテルスタッフが女性二人の部屋に侵入

別の中国人女性、朱麗氏は22年の年末、久しぶりに来日した。到着早々、ゴルフや旅行を楽しんだが、ある日、関東近郊の有名な温泉地のリゾートホテルに宿泊を予定していた。朱氏はいう。

「夫とゴルフを兼ねて１泊７万円くらいする、日本人なら誰もが知っている有名ホテルに泊まろうと計画していたのですが、前日になって大学生の娘も急きょ同行できることになりました。

そして娘がWi－Fiのあるロビーの片隅でオンライン授業を受けてもいいか、と聞いたところ、断られてしまいました。音声もイヤホンで聞くし、片隅の椅子でパソコンを使っても、他のお客様の迷惑にはならないと思うのですが、禁止といわれたので、結局、娘をゴルフ場に連れていき、そこの片隅でオンライン授業を受けさせました。

また、ホテルでもう一室増やすか、エキストラベッドを使いたいとお願いしたのですが、満室なので、できないといわれました。仕方なく夫だけ近隣のホテルに宿泊することにして、その日は娘と私がそのホテルに泊まることにしました。夕方、夫はいったん私たちの部屋に上がり、しばらくして近隣のホテルに向かい、私と娘は夜11時過ぎに就寝しました。

すると、夜12時くらいに、突然、部屋のカギを外側からガチャガチャと開ける音がしたのです。暗闇の中、誰かが「人数確認です」といって室内に入り込んできたときには、心臓が止まるほど驚きました。

すぐに夫に電話して、こちらまで来てほしいといったのですが、お酒を飲んでしまったので運転できないという。娘と私が必死で抗議したところ、スタッフは『宿泊者が二人ならいいです』といって立ち去りました。

私たちが３人で泊まれないことに不満げだったこと、そして夫がホテルを出ていくところをスタッフはおそらく見ていなかったことから、私たちを怪しんでいたのでしょう。

夜12時過ぎに女性二人の部屋にホテルのスタッフがカギを開けて入ってくるなんて初めての経験です。怒りと悔しさで身体が震え、その晩は眠りにつくことができませんでした。

翌朝、支配人を呼び、この件について話したのですが、彼も『マニュアルによりスタッフは客室内に立ち入ることができます』といい、お詫びの言葉はありませんでした」

朱氏は一気にこうまくし立てると、目に涙を浮かべた。

「日替わりランチが答えられない」の意味

本章の冒頭で家具店を訪れた中国人男性は、こんなエピソードを語る。

「レストランに一人で入ると、日替わりランチがあったので、店員に『今日の日替わりは何ですか？』と聞きました。すると、『少々お待ちください』と奥に引っ込んで、なかなか戻ってこない……。このような経験は東京に滞在中に何度もありました。

夜に少し高級なレストランで『お薦めのワインは？』と聞いたけれど、そこでも店員は答えられない。たまたまその日、接客した人がアルバイトだったのかもしれませんが、1カ月以上、都内で多くの飲食店に足を運んだ際、このように疑問に思うことが何度もありました。これは私の思い過ごしでしょうか……」

私自身もここ数年、日替わりメニューを答えられない店員に出くわしたことが何度もある。また、都内のあるパソコンショップに行き、エクセルの操作でわからないことがあったので、5分間のオプション料金を支払って教えてもらおうとしたが、「いま忙しいんだから、そんなことまで教えられない」と強い口調で逆に怒られてしまった。

私自身、そういう体験をしてきたので、本章で紹介した中国の人たちの感想にうなずくところが多かった。むろん、偶然の積み重ねかもしれないし、私たちに寛容さが足りなかったり、私たち自身の態度や話し方が悪かったりした可能性もある。

それだけで「日本のサービス力の低下だ」というのは大げさだ、と怒られるかもしれない。だがコロナ禍以降、日本で受けたサービスに疑問を呈する中国人が増えた、というのは間違いない。

この国を支えるサービス業への不安

総務省の労働力調査によると、宿泊・飲食の就業者数は19年10月に約454万人だったが、2年後の21年10月には約368万人とおよそ19％も減少した。

22年10月、空港の水際対策緩和などによって、同11月末に発表された10月分では、宿泊・飲食ともに約390万人まで戻っているが、相変わらず人手不足である。

帝国データバンクが22年7月に行った「人手不足に対する企業の動向調査」で、正社員が足りないと答えた企業は47・7％と半数に迫った。パート・アルバイトなど非正社員についても28・5％が「足りていない」と答えた。

社員不足が最も顕著なのは「旅館・ホテル」で66・7％と全体の3分の2に上る。また、パート・アルバイトなど非正社員が「足りない」と最も多く答えた業種は飲食業で、全体の73％だった。人手不足はサービスの低下に直結しかねない。

あくまで感想だが、コロナ前まで、私は中国出張から帰国するたびに、日本の接客のすばらしさを改めて痛感したものだった。

中国の接客サービスも日進月歩で向上し、とくに北京や上海は東京と遜色がない店が増えてはいたが、やはり日本のサービス力は高い、と当時は感じていた。

前述の中国人男性も長く日本で暮らし、日本のサービスや「おもてなし」に好印象があり、期待値が高いからこそ、余計に落胆したのだろう。

23年、日本には3年ぶりに外国人観光客が戻ってきている。有名観光地や旅館などに泊まり、日本式サービスを楽しみにしている外国人も多いだろう。

北京に住む日本人の友人によると「中国人の友人たちの日本旅行への期待はとても大きい。長い間日本に行けなかった分、〝日本の理想化〟が進んでいる」と話していた。

彼らの期待は日本人が想像する以上に膨らんでいるが、観光地では、大量の人員削減の結果、いい人材が残らない、とにかく人手が足りない、という悲鳴が上がっている。

日本のファンである中国人たちの個人的な体験談を聞きながら、コロナ後の日本経済を支える屋台骨であろうサービス業の先行きは大丈夫だろうか、と私は不安を覚えた。

第　6　章

日本人が知らない、
日本文化の底力

人間として住みやすいのは、断然、日本

「初めて日本にやってきたのは1985年、夫の留学がきっかけで、最初に住んだのは福井県でした。驚いたのは、どの家庭にも電子レンジがあったこと。中国ではまだ普及していなくて珍しかった。でも、もっと驚いたのは、それが全国に普及していたことでした。

当時もいまも中国では、都市と地方にはあらゆる面で格差がありますが、日本では地方都市も豊かで、電気製品の品揃えも大都市と変わらない。地方の文化レベルも高いですね」

こう語るのは、東京を中心に全国で美容サロンチェーン『モッズ・ヘア』を展開するエム・エイチグループ社長の朱峰玲子氏だ。

朱峰氏は湖北省武漢市生まれ。来日後、日本企業などに勤務の経験がある。いまでも来日当初に住んだ福井県で地元の人々に親切にしてもらったことをたびたび思い返し、心温まる思いに浸るという。

第4章に登場した周浩氏も日本の印象深かった出来事を語ってくれた。

「92年に大連の日系企業に就職した当時、日中の経済格差は非常に大きく、オフィスの備品

はすべて日本から持ち込んだものでした。

印象に残っているのは、日本人が使っていたピンクや黄色の蛍光ペン。そしてティッシュペーパー。1枚取ると、次のペーパーが出てくるのが不思議で、まるで子どものように何度も取ってみたりしました。コピー機にもびっくりし、世の中にはこんなに便利なものがあるのかと思いました。これを生産した国が憧れの日本なのだ、と思ったものです」

当時、中国のGDP（国内総生産）は日本の約10分の1しかなかった。日中のGDPは10年に逆転し、現在、中国のGDPは日本の約3倍。日本は経済的に中国に大きく後れをとっている。

「失われた30年」を嘆く日本人は多いが、バブル崩壊直後に来日した中国人男性はこう語る。

「確かに日中の立場は入れ替わりました。そのことに、いまだに戸惑い、複雑な気持ちの日本人は多いでしょう。しかし、自分の生活圏内だけを見れば、日本の生活の便利さは昔と少しも変わらない。日本の地盤沈下が激しいといわれますが、昔のインフラがそのまま使えるということは、逆にいえば、昔の日本はどれほどすごかったのか、ということもできます。

早くから経済発展し、古いインフラが現在の日本の足枷になっている面もあるのは残念ですが、一人の人間として生活しやすいのは、いまも断然、日本です」

都市と地方の格差が少ない

日本では都市と地方の格差が少ないことを、来日経験のある多くの中国人が指摘する。「インフラが充実していて、小さい都市でも常にコンサートや展覧会をやっているなど、文化レベルが高い。地方の人も東京の人と変わらない知性や教養があり、一見して、地方出身であることがわからない。新聞は確実にポストに届くし、雑誌も全国に行き届いています」

10年前に取材で出会った男性は以前こう述べていた。中国にも地方紙はあるが、地方発の出版社は少ない。日本には地方限定の出版社やミニコミ誌、コミュニティ誌、ラジオ局、市の広報誌などがあることも、文化水準の高さを示しているという。

中国人がよく引き合いに出すのは地方自治体や小中学校の図書館だ。

中国では近年、図書館の整備に力を入れており、大都市を中心に巨大な図書館が次々と建設されている。インスタ映えするデザインで蔵書数は膨大。だが、どの図書館も、習近平国家主席に関連した図書に大きなスペースを割き、利用者の多くは都市の住民だけだ。地方や農村には図書館がまったくない地区や学校が多い。

18年に長野県の大学に留学し、現在は東京の企業に勤務する陝西省出身の王慧氏も、地方の文化レベルの高さに驚いた。

「長野県にいるとき、日本人の友人に誘われて市民合唱団に入りました。音楽の経験はなかったですが、歌は好きでした。

人口が数万人しかいない小さい町なのに、合唱団のメンバーが全員楽譜を読めて、ベートーベンの『第九』（第九交響曲）の合唱部分のドイツ語の歌詞を覚えていたことに驚きました。

皆、普通の会社員や主婦、大学生ですが、中学や高校時代に合唱や吹奏楽などの経験があり、音楽に親しんでいる方たちでした。聞けば、日本では合唱コンクールとか吹奏楽コンクールの県大会や全国大会があって、それを目指して練習していたとのこと。

クラブ活動の経験がなかった私にとって、日本のクラブ活動といえば、アニメで見た野球やサッカーだと思っていたのですが、吹奏楽部や書道部など文科系のクラブも盛んなのは、来日して初めて知りました」

彼女にとって新鮮だったのは、彼ら（日本人）に「特別なことをやっている」という意識がまったくないことだった。

「仕事や家事の合間、台所で料理をしながらドイツ語の歌を練習している人もいる。私の田舎では十数年前まで、一般市民が外国語で歌う機会はありませんでした。

年末恒例の『第九』演奏会を市民のオーケストラや合唱団が開き、ここまでハイレベルだとは思いませんでした。しかも30年前から、その合唱団は、全員同じ衣装で演奏会に参加していたとか。

中国でも最近はお揃いの衣装で演奏や活動をすることが流行っていますが、これも10年未満のこと。都市の中でも格差があった中国では、学校でも市民活動でも、全員が同じものを揃えること自体、難しいことでした」

確かに、いまでこそ、北京や上海では日本のような制服を揃える私立学校が増えているが、公立学校はまだジャージ（体操着）が中心で通学カバンもバラバラだ。

高校でも、中国では全員参加の修学旅行はない。お金持ちの子だけが夏休みに欧米の大学のサマースクールなどに参加できる。王氏は続ける。

「日本では、地方都市にも音楽大学出身の指導者がいて、中学の音楽教師をしながら、夜に市民合唱団をボランティアで指導する人がいると聞きました。専門家から一般市民が指導してもらえるというのは、うらやましい話です。

中国の音楽教師なら、個別に高いレッスン料を取って稼ごうと考えるはずです。日本人の人生が中国人よりも豊かに見えるのは、こういう点にあると思いました。私も合唱団の活動に参加できてよかった。いきなり東京に住んでいたら、人口が多すぎて、地域でどんな活動があるか、知らなかったかもしれません。地方都市に留学したからこそ、日本の文化の奥深さを知ることができました」

地元の山、川に対する愛着は、日本ならでは？

日本の公立小学校では、地域（地元）の地理や歴史を学ぶところが多い。幼い頃から、自分の生活と関係ない中国共産党や国家の屈辱の歴史を学ぶ中国とは異なり、日本ではまず自分が住んでいる町や市、県の歴史を学ぶ。

日本ではほぼすべての小中学校、高校に校歌があり、歌詞にはたいてい地域の山や川の名前が入っている。東京や大阪など大都会に住む人にはわからないかもしれないが、地方ではシンボル的な存在としての山や川があり、日常生活と密接に関わる。

日本人はこれを「当たり前」と思うが、中国では地元の山や川の名前を聞いても答えられない人が少なくない。十数年前、私は中国のホテルで、目の前の大きな山の名前をスタッフに尋ねたところ、真顔で「あれは、ただの山です」と返答されたことがあった。

妻（日本人）の実家の近くの小学校に、子どもを数カ月間だけ通わせたことがある中国人男性はこんなことをいっていた。

「子どもに付き添って小学校に行ったとき、教室から校歌が聞こえてきました。あとで歌詞を見ると、地元（埼玉県）の地名などがあり、情景が浮かんでくるような内容で、メロディーも覚えやすい。その町をよく知らない私も、なぜか懐かしい気持ちになりました」

また、日本には地元住民が参加するお祭りがたくさんある。五穀豊穣や地域の繁栄、安定などを願って行われ、子どもたちは幼い頃から参加する。地元の集会所に集まってお囃子の練習をするのも、その中国人男性にとって珍しい光景で、「これも郷土愛を育てるのに役立つと思いました」と話す。

日本と中国、校歌事情は大きく違う

日本の小学生の登下校の様子（保護者が旗を持って通学路に立っている姿などが珍しいようだ）を写真に撮り、ＳＮＳで紹介する在日中国人は多い。だが、日本の学校の校歌の存在に気づく人は少ない。

あるとき、中国の友人が北京大学の校歌をＳＮＳで紹介していたのを見て、ふと中国の学校の「校歌事情」はどうなっているのか興味を持った。

調べると、中国では多くの大学、一部の有名高校や中学には校歌があるようだが、一方で、日本のように小学校から大学まで、ほぼすべての学校に校歌があるわけではないようだ。

江蘇省出身で清華大学を卒業した30代の男性は、「私の場合、小学校は校歌なし、中学校は校歌あり、高校は校歌なしでした。地域によってかなり事情は違うと思います。中学校では、音楽の時間に習っただけなので覚えていません。大学では軍事訓練の際に少し習いましたが、これも覚えていませんね。校歌に愛着があるという人は少ないのでは」と話していた。

話を聞く限り、中国では校歌があっても、歌う機会は限られているようだ。その点、日本では小学校から高校、場合によっては大学まで、自分が通った学校の校歌を覚えている人はけっこう多い。入学式、卒業式、その他、校歌を歌う機会が何度もあるからだ。同級生が集まると、懐かしい校歌を全員で歌うという人もいるだろう。

18年、高校野球の甲子園大会で、秋田県代表の金足農業高校の球児が、背中を反らせる独特のスタイルで校歌を歌うシーンが中国のSNSで話題になり、「感動した」という声が多かったことをふと思い出した。

子どもに家事を手伝わせない理由

北京の大学で日本語を学び、90年代に留学のため来日、現在は東京都内で中国語講師として働く50代の女性と、子どもの家事に関する話題になった。

中国では一般的に「子どもに家事をさせる＝苦労させる」という考えの親が多いという。「苦労させる」は「疲れさせる」という意味に近く、30分家事をさせたら子どもが疲れて勉強の時間も30分減ってしまう、と受け止められるそうだ。

彼女は中国にいたときも、下着とハンカチは自分で洗っていたが、日本に来るまで、料理の経験はほとんどなかった。中国の大学は全寮制で食堂があるため、自炊の必要がない。「パーティで友人宅に集まり、皆で料理を作ろうという際、中国なら『私は何もできません』といっても、別に誰も変だと思いません。でも、日本では少し恥ずかしい。家庭で何も教わらなかったのか、と見られることもあるでしょう？」と彼女は話す。

「日本では自分のことは自分でやるのが当たり前。勉強だけでなく、人間として一通りのことができなければ一人前ではない、という考えです。でも中国では、何もかも（子どもに）やらせるのはかわいそう、できる人にやらせればいい、お金を払えばいい、と考えます。あるいは親が代わりにやってあげようとするのです。

私を含め留学経験のある人は、少なくとも掃除などの家事が自分でできるようになります。これを密かに留学の副次効果だと思っている中国人はけっこう多い。

22年、（ゼロコロナ政策のため）中国各地がロックダウンされて、野菜などの配給だけで生活した人がいました。その際、料理がまったくできない人は困っただろうと思います。

勉強がいくらできても、それだけで生きていくことはできません。そういう意味でも、勉強一辺倒ではない日本の教育、家庭のしつけはすばらしいと思うのです」

ピアノはプロを目指す人だけが習うもの

北京に住む呉琳氏は、(中国でも一部では観られる)NHK BSの『駅ピアノ』という番組を楽しみにしている。

「日本全国の駅の構内などにピアノを設置して、通りかかった人がその場で演奏する番組で、演奏後、その人とピアノとの関わりを紹介します。若者から高齢者までさまざまな人が歌謡曲やクラシック、映画やドラマのテーマソングまで、さまざまな曲を演奏します。

音楽大学を卒業したけれどプロになれずに故郷へ戻り、ピアノ講師で生計を立てている人、建設現場で働きながら趣味で練習をして1曲だけ弾けるようになった人など、ごく普通の人が演奏する姿を見ると、日本文化の裾野の広さを実感します。

多くの人がいっていて印象深かったのが『苦しいとき、悲しいとき、ピアノが心の支えになった』という言葉でした。

中国の若者は心の支えになるものがないまま青春時代を過ごします。大人になってから趣味を見つけて楽しむ人もいますが、若い頃に勉強以外の何かに打ち込んだ経験がないから、打たれ弱い。

日本人は一見、中国人よりも弱そうに見えますが、芯は強い。それは若い頃、クラブ活動や趣味などに打ち込んだ経験があるからだと思います」

中国では、芸術はごく一部の才能のある人が、その道のプロになるために必死で学ぶもの、という位置づけだ。

「いまは親が高いお金を払って、子どもにピアノやヴァイオリン、絵画、書道などを習わせるようになりましたが、いい高校の推薦入学枠に入りたいとか、将来お金が稼げるかもしれない、という理由で、情操教育のためではありません。お金がない人はピアノを買うことも触ることもできません。

日本では40年以上も前から、地方の小さい町にもピアノの先生がいて、親がピアノを買ってくれて、月謝も高くなく、誰でも習うことができたと日本人の友人はいいます。将来お金を稼ぐためでも、音大に進学するためでもなく、純粋に音楽を楽しむためにピアノを始める人が多いとも聞いて、驚きました。

その日本人の友人は『私は3年しか習わなかったから、やらなかったのと同じ』といっていましたが、そんなことはない。楽譜を読めるようになるし、大人になってから再開できます。日本では、普通の人がクラシックの名曲のタイトルもいくつもいえる。中国では試験問題として出題されないかぎり、曲名を知っている人は多くありません」と彼女はいう。

市民合唱団に入っていた王氏も「学校の勉強以外の経験があると、自分の視野を広げることができる」と話していた。

40年以上前、私の田舎でも、ほとんどの同級生がピアノ、書道、ソロバンなどを習っていて、それは特別なことではなかった。後年、それが何かの役に立ったかはわからないが、習い事をする意味や目的が中国と日本では大きく異なり、多くの中国人が日本をうらやんでいるのは確かだ。

中国の地方では、有名美術品に触れる機会がない

先に紹介した中国人向け予備校の美術講師である女性は、自分の油絵の個展に来場した日本人の行動が強く印象に残っている、と話した。

「ある作品の前で立ち止まり、手帳を開いて模写し始めました。撮影を許可している展示会だったので不思議に思い、『どうして絵を写しているのですか？』と聞いてみました。すると、まずはスマホを持っていないこと、次に自分で描くと、作家の考え方を理解でき、共感できるから、ということでした。

これが中国での展示会だったら、どうでしょう。おそらく私にこの作品の意図を尋ねる人が多いでしょう。それに写真をたくさん撮るだろうと思いました。でも、その日本人はそうしなかった。

その人以外も、日本人の来場者の多くは、そこにいる作者の私に何も尋ねず、静かに作品を見て、自分なりに解釈したり、想像を巡らせたりしているように見えました。

私と面識がないので、話しかけるのが恥ずかしいのかもしれない、とも思ったのですが、日本人は美術に一定の知識があり、展覧会に足を運んだ経験も重ねて、自分なりの絵画の鑑賞法を身につけているのだろう、とも感じました」

この美術講師はこんなこともいっていた。

「日本では、小中学校の遠足や課外活動でいろいろな美術館に行く機会があるそうですね。

地方でも、県立美術館や市立美術館で原画、つまり本物の作品を鑑賞できます。これこそ、日本の学校教育のすばらしさです。

四川省の田舎出身の私は、23歳で来日するまで有名画家の作品を見たことはありませんでした。北京や上海の出身者は違うかもしれませんが、地方はどこも同じでしょう。見に行きたいなら、親に連れていってもらう必要があり、お金がかかります。普通の人はできません。

中国にいるとき、ネットでマティスの絵を見たのですが、そのときは色鮮やかだな、と思っただけでした。でも日本で実際に見たら、微妙に色合いなど印象が異なりました。

来日後、東京でムンクの作品が展示されると聞いて、四川省からそのために来日した友人と見に行きました。そのときにも、ネットで見た作品とは違い、迫力が伝わってきました。

日本では、地方でも有名な作品が展示されることがありますが、中国ではまだそこまでは望めない。わざわざ国外に出ないと本物に出合うことはできないのです」

過疎化の不安と観光資源の魅力

ただし在日中国人も、日本の地方の過疎化や地盤沈下、少子高齢化の進行を実感している。第3章で紹介した徐文奇氏は語る。

「東京にいると実感しないのですが、地方出張に行くと、10年後の日本が本気で心配になります。ターミナル駅前でも若者は少なく、どこを見ても高齢者ばかり。多くのお店のシャッターが閉まっています。

日本の地方企業が後継者を募集しても、応募者が少ないのは驚きです。中国だったら考えられません。実績のある企業を譲ってくれるというなら、大勢が殺到すると思います。

日本人は（企業を経営するより）会社員のほうが安定的と考えるからでしょうか。長年営業してきた企業が、赤字でもないのに、後継者不在で消滅してしまうと聞くと、やるせない気持ちになります」

しかし観光という側面からは、日本の地方に大きな魅力を感じる中国人も多い。22年10月、中国人富裕層に向けたマーケティングや、日本企業や地方自治体にコンサルティングを行う「行楽ジャパン」は、上海などの大都市に住む5年マルチビザを所有する富裕層約200人を対象に「日本でしたいこと」という調査を行った。

その中の「コロナ後に行きたい日本の都市」という問いに対して、最も多い回答は「東京・大阪などの大都市」だったものの、2番目に多かったのは「観光客の少ない町」、その次は「温泉地」「海辺の町」だった。

同社社長の袁静氏はこの結果をこう分析する。

「(中国の) 富裕層には文化やアートに造詣が深く、日本の芸術家や建築家をリスペクトしている人が多くいます。そうしたアーティストの作品は地方の美術館などで展示されていることも多く、たとえば草間彌生さんの作品は瀬戸内海の直島で見られます。わざわざ足を延ばしてでも堪能したいという声は大きいのです。

文化レベルがとくに高い東京や大阪にも行きたいと思っていますが、日頃のストレスから解放されて、観光客の少ない静かな町で癒やされたいとも思っています。日本映画の『おくりびと』や『海街diary』などを見て、(舞台となった) 小さな街で、のんびりと静かに過ごしてみたいという声もよく聞きます」

同調査の、「日本でどのような宿泊施設を体験したいですか」という質問には全体の8割以上が「温泉旅館」を挙げた。宿泊希望価格は「1000~2500元 (約1万9000円~4万7500円)」が約6割と最も多かった。

一方、五つ星ホテルを希望する声は意外にも小さい。袁氏は「彼らが求めているのは日本ならではの体験。地方の温泉や料理を堪能できる旅館という選択肢になるのです」と語る。

4000年の歴史の中国で、なぜ老舗が少ないのか

地方の老舗に興味を持つ中国人も多い。老舗は中国語で「老字号《ラオズーハオ》」といい、中国にもさまざまな分野で老舗は存在する。有名どころは、漢方薬店の『同仁堂』（1669年創業）、食品会社の『六必居』（1530年創業）、刃物専門店の『張小泉』（1663年創業）などだ。

だが、中国政府が認定した100年以上の歴史がある企業は1000社ほどしかなく、案外少ない。4000年とも5000年ともいわれる歴史を持つ中国だが、現在の中華人民共和国はまだ建国70年ほどでしかなく、文化大革命など混乱期があったためだ。

一方、日本には世界的に見ても老舗企業が多い。100年企業は全国に約2万6000社、200年企業は約1200社、500年企業も40社ほどある。

以前、日本に旅行した上海在住の男性は、「老舗が多いのは日本が平和な証拠です。中国は動乱が多く、王朝が変わるたびにあらゆるものが壊されました。日本で明治以降続いてい

るお店や会社が多いのは、戦争被害が比較的小さかったことも関係しているのでしょう。日本旅行に行ったら、老舗企業の経営者から事業継続の秘訣を学びたい」と話す。

その男性がとくに興味を持ったのは山形県の高木酒造が作る日本酒の『十四代』で、現地にも出かけ、日本人の友人の紹介で見学をさせてもらった。

「日本酒のいい香りがして、職人の心意気が感じられました。中国でも『十四代』はとても有名なので、工場見学しただけで自慢ができました。

こういう老舗は、きっと中国の他の経営者も見学したいはず。中国メディアでも日本の有名企業の経営者（孫正義氏や柳井正氏など）のインタビューを読めますが、中小企業や地方の老舗企業の社長、職人の生の声を聞く機会はあまりありません。

日本の古い焼き鳥店やうなぎ店には『創業以来、注ぎ足している秘伝のたれ』があったりしますが、とても魅力的。中国では老舗でも創業数十年なので、そんなものはありませんし、あったとしても、その価値を理解できる人や、それを尊敬する文化はまだありません。

中国では繁盛しなければ、たとえ親の思い入れがある事業でも、すぐに廃業してしまうので、同じ商売は長続きしない。だから老舗は本当に少ないんです」（上海在住の男性）

キャンプもスキーも日本に学べ！

16年、私は中国の友人に案内され、杭州にある瀟洒なペンションに宿泊した。そこは観光名所の霊隠寺に近く、交通の便は悪いものの、こぢんまりとした宿泊施設が立ち並ぶ地域。農家民宿もあり、都会の喧騒とはまったく異なる環境の場所だった。

宿泊したペンションの経営者に、同じ杭州でプチホテルを経営する30代の中国人オーナーを紹介された。彼がいま夢中になっているのがキャンプだ。

SNSに投稿している写真には、「今日の露営《ルーイン》（キャンプ）」というタイトルとともに、おしゃれなテントやアウトドアグッズが写っている。グッズのほとんどは中国のネットショップで買っているが、「スノーピーク」（新潟県）など日本のアウトドア用品メーカーの商品もけっこうあるという。

「キャンプ市場専題洞察」（22年）という資料によると、中国のキャンプ市場は約5２8億元（約1兆円）。30年にキャンプ人口は約2億人になると予測されている。ちなみに日本の21年度の国内アウトドア市場は約３２６２億円（矢野経済研究所調査）である。そのオーナー

コロナ禍以降、中国でもキャンプがブームに（筆者の友人提供）

はいう。

「コロナ禍以降、家族や仲間だけで静かに過ごしたいという需要が急増しました。その一環で、うちのような少人数客限定のプチホテルやキャンプが広まりました。

私もそうですが、キャンプは中国より進んでいる日本のアウトドア雑誌も参考にして楽しんでいます。日本はキャンプ場の歴史も長く、（キャンプ道具なしでキャンプを楽しめ、高級感のある）グランピング施設も多い。アウトドアグッズも中国より多様なので、日本に行ったらキャンプを体験したいし、グッズも購入したいです」

関連して釣り用品も日本製の人気が高

い。22年の「双十一」（ダブルイレブン、毎年11月11日に行われる大規模な販促イベント）ではルアー（疑似餌《ぎじえ》）などの釣り用品の売上高が前年の3倍以上に達したが、中でも人気なのが「ＤＡＩＷＡ」など日本の釣り具メーカーの商品だった。

さらにスキーについて、日本の「レジャー白書」によると、最盛期は93年で、当時のスキー人口は約１８００万人だったが、以降、減少の一途をたどっている。

一方でスキー人気が急上昇しているのが中国だ。雪が降る東北地方を除き、スキーやスケートなどウインタースポーツは用具にお金がかかることもあり、盛んではなかった。だが、２０１０年代後半以降、22年の北京冬季オリンピックをにらみ、政府がウインタースポーツ人口を増やすという方針を表明。冬季オリンピック会場となった河北省や北京市郊外など各地にスキー場を建設した。

中国観光研究院の報告書によると、25年、ウインタースポーツ人口は5億人を超える見通しで、とくにスキーにはまっているのはZ世代の若者だ。日本のバブル時代にできたような屋内スキー場も各地に増え、おしゃれなスキーウエアを着て写真を撮り、ＳＮＳに載せている。そして「日本のスキーウエアやグッズを買い求めたい」という声も多い。

中国人が憧れる日本のカリスマ美魔女

中国のＳＮＳを通じて有名になった日本人について、興味深い話を聞いた。

朱振彦氏は日本に留学して大学を卒業後、「楽天」に入社したが、「爆買い」ブームの頃、越境ＥＣを行っていた中国人の妻の仕事が忙しくなったことをきっかけに退社。16年に夫婦で日本企業の中国ＥＣ進出支援やコンサルティング、ライブコマースなどを行う「ＲＥＡ商事」を創業した。

朱氏は「日本のある特定の人々が、中国で非常に人気になっている」と話す。そのうちの一人は、化粧品業界で「奇跡の美魔女」と呼ばれる水谷雅子氏だ。68年生まれの水谷氏は歌手やモデルなどを経て結婚。子どももいるが、数年前から中国のＳＮＳで爆発的な人気となり、中国関連のイベントにも参加している。朱氏はいう。

「〝美〟に対する興味や関心が高い中国人女性が参考にし、憧れているのが日本の40～50代の美魔女です。その代表的な人物として、よく名前が挙がるのが水谷さんです。

中国の女性は化粧の経験が浅く、技術や知識があまりない。彼女たちにとって、美容先進国の日本女性がどのように肌の手入れをしているのかは関心の的で、水谷さんはカリスマ的な存在。日本人女性の美の秘訣を知りたがる中国人は非常に多いのです」

朱氏によれば、SNSの影響で、ここ数年、中国で急速に有名になった日本人は何人もいる。ファッションデザイナーの藤原ヒロシ氏なども知名度がとても高いそうだ。

そういえば、在日中国人のエリート層の間でしばしば話題に上るのが、東京・江戸川区にある「春花園BONSAI美術館」の館長で、盆栽職人として名高い小林國雄氏だ。小林氏の作品を購入し、オフィスや店に飾る在日中国人は多い。

盆栽は「泳ぐ宝石」といわれる錦鯉などとともに「日本的な美」として中国人富裕層の間でコレクションする人もいるほど人気があり、値段も吊り上がっている。

朱氏は、「美容、ファッション、伝統工芸、美術品など、さまざまな分野で日本にはその道の達人がいて、何人かの方は、いま中国で非常に有名になっています。中には、日本よりも中国で有名になった方もいます」という。

農機具の使い勝手のよさに感嘆する

在日中国人インフルエンサーのle・ile・i（レイレイ）氏は四川省出身。北京師範大学を卒業後、一橋大学大学院に留学。ジェトロ北京事務所や野村證券などで働いた経歴を持ち、15年、自身の会社「シンフロンテラ」を設立した。

インバウンド、日中ビジネスマッチング、同時通訳などを展開しており、コロナ前の16〜19年頃は中国からの視察ツアー、スタディツアーなどの受け入れにも携わった。

「ニッチな分野で『日本の〇〇を見学したい』という要望がかなりありました。たとえば、柔道家の古賀稔彦さんの古賀塾を見学したいという方々がいて合宿を行いました。中国ではまだ柔道人口が少ないので、有名な古賀塾で指導を受けるのは、中国の子どもたちにとって貴重な体験だったと思います。

地方の農業見学のツアーのお手伝いもしました。先進的な取り組みをしている日本の農業に対する関心も高く、地域の農産品のブランド価値を高めたい中国の農家の方々が熱心に見て回っていました。彼らがとくに関心を示したのが農機具です。日本のものは小回りがきき、作業がしやすいように改良が重ねられており、使い勝手のよいものが多い。農機具は一般消費者に注目される機会はありませんが、日本の技術がこういう分野にも活かされていると、私も仕事を通じて知りました。これこそが日本の強みです」

le·i·le·i氏は「ほかにも日本で特徴のあることをやっている人や、中国人がお手本にしたいと思っている分野で秀でた日本企業に視察に来たいという要望はたくさんあります。日本人は内容を整理してマニュアル化したり、システム化したりして、第三者にわかりやすく指導することに長けています。ニッチな分野でも、現場で指導できる人材がたくさんいるため、日本から学びたいと思っている中国人は多いのです」と話す。

日本代表の躍進に歓喜、そして反省

22年末、FIFAワールドカップ・カタール大会において、日本がグループリーグでドイツ、スペインに勝利するたびに、中国の人々は、「日本が勝った！」「日本、すごい！」と我がことのように歓喜し、盛り上がった。日本が勝った日、微博《ウェイボー》のホットワードランキングで日本の勝利を祝うフレーズがトップになり、SNSには日本を応援するコメントが多数書き込まれた。

同大会、中国はアジア最終予選で敗退して参加できなかったが、中国人のサッカー好きは有名だ。習近平国家主席も、「いつか中国チームがW杯に参加し、優勝するのが夢」とメディアに語ったこともあるほどだ。

そして日本の勝利に対し、中国人は、「なぜ同じような体形、身体能力なのに、中国チームは弱く、日本チームは強いのか」というコメントもSNSに書き込んだ。

22年7月、日本サッカー協会相談役の川淵三郎氏が新華社通信のインタビューで、「なぜ中国代表のレベルが上がらないのか」といった趣旨の質問を受けた。それに対し川淵氏は「現状に満足しているからではないか。世界に出て、自分より強いチームと競争するモチベーションがない。これが進歩を妨げているのでは」と回答し、中国で大きく報道された。

厳しい意見だったが、中国では「その通りだ」という声が多く、「選手たちは高い給料をもらっているくせに、やる気がない」「なぜ14億人も人口がいるのに、世界に通用する11人の選手すら育てることができないのか」といった声もあった。

W杯後の22年12月、中国メディア『環球時報』には「中国サッカーは日本から何を学ぶか」という記事が掲載され大きな反響を呼んだ。

記事には「日本チームの勝利は一夜にして成し遂げられたものではない。日本チームが長い年月をかけて、一歩ずつ、コツコツと前に進んできたからだ」と書かれており、「それに比べて中国チームは方針が定まっておらず、時間を無駄にしている」と分析された。

ネット上のさまざまな分析を見ると、日本の強さを素直に評価する声が目立つ。

その中には「日本の選手は小学生のときから地域のサッカーチームに入り、純粋にボールを追いかけており、その延長線上にプロリーグがある。全部つながっている。中国には普通の若者を育成していくシステムがないことが問題なのではないか」といったものや、「中国は卓球や水泳、体操など個人競技は強いけれど、6人（バレーボール）以上の競技になるとまるでダメだ。中国人は他の選手との協力や団結が苦手だからだ」といったものがあった。

ほかに、W杯終了後、日本代表チームの森保一監督が日本メディアのインタビューで「（日本の選手は）日本国内でしっかりした指導者の下で育っているから、海外のチームが受け入れてくれる」と答えたことにも反応し、「日本にはいい指導者がいるから、いい選手が育つ。お金だけ出しても、いい選手は育たない。蓄積が違う」といった声もあった。

パスポートの威力でわかる、その国の信用蓄積

23年1月、英国のコンサルタント会社、ヘンリー&パートナーズが、ビザ（査証）なし渡航できる都市が最も多い国・地域ランキング（パスポート・インデックス）を発表。日本は1位だった。

これは国際航空運送協会（IATA）のデータをもとに、世界199カ国・地域のパスポート（旅券）を比較・集計したもの。日本は世界227都市のうち193都市にビザなしで渡航できる。

2位は韓国とシンガポール（193都市）、3位はドイツとスペイン（190都市）、中国は66位（80都市）だった。

他の調査機関が行ったパスポート・ランキングでも日本は1位で、日本のパスポートが世界最強であるということは、世界中の人が認めている。

一方、コロナ禍の前、急激な経済成長を追い風に、14年頃から中国人は世界中を旅行するようになったが、彼らの海外旅行にはビザがつきものだった。

中国政府が自国民の海外団体旅行を許可したのは97年。個人旅行は09年からでしかない。それより前、私が90年に新聞社に入社した当時、中国からの来客をアテンドしたことがあったが、それは政府機関など一部の特権階級に所属する人たちで、その人たちは仕事のついでに観光していた。

ビザとは簡単にいえば、その国・地域に入国しようとする人を事前にチェックする身元調査のようなものであり、その人が入国しても問題ないという「お墨つき」だ。66位だった中国はGDP世界第2位の経済大国にもかかわらず、海外ではまだ大きな信用力はない。

中国人がビザなし渡航できるのはアフリカや中東、中南米、太平洋の島々などが中心で、欧米の主要国や日本に渡航するにはビザが必要だ。しかも、渡航先によっては、あらかじめ申請した旅行日数分だけしか発給されない場合もあるという非常に厳しいものだ。

現在では世界中が中国人の「爆買い」に期待し、中国人観光客を歓迎しているが、中国にはまだまだ「信用の蓄積」がないことがわかる。

派手な結婚式は日本のバブル仕様？

「儀式感《イーシーガン》」という新しい中国語がある。文字だけでニュアンスは伝わると思うが、「節目の行事を行う」「きちんと感」のような意味合いだ。

中国のサイトで「儀式感」の由来を調べると、日本が関係していた。あるサイトの説明には「日本人の生活の中にある儀式めいた部分。こだわり。日本人は春の花見や秋の紅葉狩りなど、日々の暮らしでの儀式感を大切にしている」とある。

公的な行事や記念日だけでなく、日常生活で、ささいなことを忘れずにきちんと行い、丁寧に暮らすこと。その行為や雰囲気を「儀式感」という言葉で中国人は表現し、Z世代を中心とした若者は「そんなふうに暮らしたい」と憧れている。

前述の朱辰彦氏は「日本の男性のスーツの着こなしなども儀式感の一つです。中国ではこれまできちんとした服装をする機会があまりなかったのですが、余裕ができたいま、儀式感を大切にする人が増えています」と話す。

近年、日本ではカジュアル化が進み、派手な結婚式を好まなかったり、パーティなどに出席する際もフォーマルではない服装をする人が増えたりしており、中国人から見ると「（いまの）日本人は地味すぎる」と映るようだ。最近の中国人の派手な結婚式の様子は、かつての日本のバブル時代を彷彿とさせられ、センスの違いだろうか、とも感じる。

それはともかく、儀式感を強く意識するようになった彼らのSNSを見ると、「今日は記念日ではないけれど、うれしいことがあったから、お花を買ってきて家に飾った」などといった投稿もある。

羽生結弦選手の「儀式感」に熱狂する

中国でとくに「儀式感」という言葉がSNS上を賑わせたのは、22年2月、北京で開催された冬季オリンピック大会のときだ。映画監督の張芸謀《チャンイーモウ》氏総指揮の下で行われた開会式のテーマは「二十四節気」だった。

二十四節気は日本の暦にもあるように、1年を24に分け、季節の変化を表したもの。私が知る限り、幅広い層の中国人が二十四節気を強く意識するようになったのはSNSが発達して以降のここ10年未満だ。

SNSに、「今日は大寒」「今日は夏至」などと書き込むようになった。その日にふさわしい伝統的な料理を食べ、行事をきちんと行う。とくに若者は、何か小さなことでも実践すること、生活の質を上げることにささやかな喜びや充足感を覚えているようだ。

そのような意識を持つ若者にとって、北京五輪に出場した羽生結弦選手のこだわりや意識の高さは、まさに「儀式感」にあふれるものだった。大会前、羽生選手の微博のフォロワー数は200万人以下だったが、大会開催中に約270万人にまで増加し、本書執筆時点で284万人である。

羽生選手がリンクに入る際、氷を触ったり、お祈りのようなポーズをしたりする一連の所作、ルーティーンを見て、中国の若者は「これこそ最も美しい儀式感だ」と熱狂した。

私の中国人の友人にも羽生選手の大ファンがいる。

東京都内で日本企業の海外コンサルティングなどを行っているInnovation & Impact CapitalのCEO、王芳氏だ。王氏は2つのSNSの応援グループに入り、羽生選手の動向を常にチェックしている。

「グループの人数はそれぞれ100人、250人程度ですが、中学生もいます。もちろん、羽生選手の儀式感のあるふるまい、美しいマスクやスケーティングに魅了される人が多いのですが、中国でここまで人気が出た大きな理由はSNSの影響だと思います。

中国の動画サイトでは過去のスケートの試合がほとんど見られるのですが、羽生選手の場合、インタビューなども含めて、とにかく貴重な映像が数多く残っているというのが特徴です。それを見て、ますますファンになった人が増えたと感じています」(王氏)

中国の鉄道は、ファンにとって未開拓の市場

22年秋、以前から興味を持っていた書籍『中国鉄道時刻表』を日本で発行する中国鉄道時刻研究会の代表、何劭《かろく》氏と東京都内で会った。

『中国鉄道時刻表』を長年発行していた中国では、ネットの発達などの理由により、16年に紙版を廃止。しかし14年から、日本で、日本語による紙版を編集・発行しているのが何氏をはじめとする有志だ。

日本の時刻表と同じB5サイズ。22年秋号(第10号)は全610ページ(厚さ2・5センチ)で、定価は3500円。日本の時刻表と似た装丁だが、中身はすべて中国の鉄道の時刻

表や路線図、乗車サービスの案内、運賃などとなっている。

何氏は日本生まれ、日本育ちの中国人だ。東京大学工学部在学中の13年、同じく東大の友人で鉄道ファンだった日本人のｔｗ・ｉｎｒａｉｌ氏（ハンドルネーム）らと「日本で中国の鉄道時刻表を作ろう」と同研究会を結成した。

当初は採算を考え、２００部に限定、定価２０００円で発行したが、すぐに評判を呼び、4回も重版するヒットとなった。

何氏は「発行後、日本には自分たちと同じように、こういうものを作りたい、読みたいと思っている人がかなりいたこと、需要があることがわかりました」と語る。コロナの影響で、自分たちが中国に行き、鉄道に乗ることは難しくなったが、発行頻度は変えず、中国でダイヤ改正後、約4週間で発行。実用にも適っているという。

何氏は日本の鉄道ファンでもある。何氏によると日本のファンは「乗り鉄」「撮り鉄」「ＳＬファン」など趣向別に細かく分かれており、層が厚く、歴史も長い。「日本と比べると、中国の鉄道は未開拓。まだ日本人の誰も乗ったことのない路線もあるでしょう」と語る（何氏）。

何氏が紙版の時刻表を作ろうと思ったのには、彼が日本で暮らしてきたことが大きく関係している。

何氏は幼い頃、両親とともに毎年のように中国に帰省していた。両親の故郷は内陸部の西安市。当時、日本からの直行便はなかったため、空路で北京や山東省に入り、列車で10時間以上かけて帰った。それがきっかけで中国の鉄道の虜になり、帰省のたびに、駅で時刻表を買うことが楽しみだった。

しかし、中国の時刻表は目的地別に編集されていて、見にくかった。そのため「中学生のときから、日本式に路線別、発車時刻順に組み替えたほうが見やすくなるとずっと考えていた」そうで、それを日本語版で実現させた。

何氏、ｔｗｉｎｒａｉｌ氏ともに東大大学院で都市交通システムなどを研究しており、独自に開発したシステムを使い、中国の時刻表を改良することに成功した。

中国の鉄ヲタが、日本を楽しむとき

紙よりネットを重視する中国と違い、日本で紙の本に親しんで成長してきたことも、何氏が紙版にこだわった背景にある。何氏はいう。

「紙であれば資料的価値があり、変遷もわかる。一冊になっていれば、全体を見渡せる俯瞰性、一覧性もあります。いまの姿を手元に保存しておきたいファン心理も満たされる。ネットだとデータが上書きされてしまい、前のデータは消えてしまう。そういう意味でも、今後も紙版の時刻表にこだわって編集していきたい」

何氏は中国メディアから「中国でなくなったものを、なぜ日本で?」と取材を受けるようになった。当初、ネットで発着時刻さえ調べられれば十分だ、と思っていた中国人読者からも「目を見開かされたようだ。読んでいて楽しい」といわれるようになった。

北京交通大学教授の楊中平氏は22年秋号で「感動を覚えました。個人旅行が趨勢《すうせい》になるこれからの世代にとって、この一冊は中国旅行のよき友になるでしょう」と語っている。

中国では近年、経済発展やコロナの影響でマイカー移動が増えているが、広大な国であり、都市間移動の第一選択はやはり鉄道だ。

2010年代は高速鉄道が猛烈な勢いで路線を拡大したが、在来線もまだ健在。日本ではあまり楽しめなくなった夜行列車や、夜行寝台高速鉄道などもできており、「日本のような鉄

中国の夜行寝台列車（中国鉄道時刻研究会提供）

道オタクが中国にも増えているんです」（何氏）という。

新幹線のホームで男の子が車両をバックに写真を撮り、車両に手を振る微笑ましい風景も、中国でも見られるようになった。

そうした鉄道ファンなのか、中国のネット上にある鉄道ショップで、日本語版の『中国鉄道時刻表』を買い求める人も増えてきているという。

何氏にいわれて私は初めて気づいたのだが、中国の鉄道は生活の場と離れた場所を走っていることが多い。駅が近づき、初めて民家やビルが視界に現れる印象だ。高速道路のようなエリアを走ることが多く、長い区間に柵があって、近づいて撮影できるスポットは少ない。

しかし、日本では、桜並木や菜の花畑、民家のすぐ脇など、多くの列車が人里を走る。インスタ映えするスポットが多いし、撮影する場合も、列車にかなり近づくことができる。

近い将来、日本を訪れ、ここでしか体験できない鉄道の旅を楽しむ中国人が増えていくのではないか。何氏の話を聞いていて、私はそんな楽しい気持ちにさせられた。

エピローグ　豊かになった中国人は幸せか

中国人の知人から聞いた恐るべき噂

2022年末、広東省に住む中国人男性と連絡をとると、「最近、いくつか気になることがあるんです」と小声で話し始めた。彼は単身赴任中で、家族は上海に住んでいる。幼い子どもが「頭が痛い」といったので、家族が市内の大きい病院に連れていったという。

「MRI（磁気共鳴画像装置）の検査をしてもらったところ、異常があるかもしれないといわれ、医者から再検査を勧められました。その際、病院内ではなく自分（医者）の個人事務所なら、もっと詳細な検査ができるといわれ、そこに行くよう指示されたというのです。

家族はその時点で『怪しい』と直感し、別の病院に連れていきました。結果、幸いにも、子どもは何も異常がないといわれたそうです。おそらく、自分の事務所で検査をするフリをして、高額な治療費を巻き上げようとしたのでしょう。

その医者が勤務しているのは誰もが知っている大病院です。中国の病院はいろいろ問題がありますが、まさか、いまだに医者が堂々とそんなことをしているとは……ショックでした」

この男性はさらに話を続ける。

「最近、周囲の人たちから、中国製ワクチンを接種した人の中に、肺にポリープができて、手術した人がかなりいると聞いたのです。

最初は『まさか』と思ったのですが、私の家族もポリープができていたことがわかりました。自分の知り合いだけで何人も、というのはおかしい。もし本当にそんなことがあるとしたら、と思うと恐ろしくなりました。

健康で、ある程度のお金があれば、この国は以前と比べて、とても便利な社会になりました。デジタル化も進んでいるし、日本より活気もチャンスもあります。

でも、水面下でよくわからないことが起きていて、このままこの国に住んでいると、じわじわと命が蝕まれるかもしれない……。私も自分の家族の話ではなく、単に噂を聞くだけだったら、こんな話、信じなかったかもしれません」

男性の話には科学的エビデンスはなく、デマの類である可能性もある。それよりも、私にとって信頼できる人物が、このような話をすること自体に、コロナ禍における中国を包むある種の〝闇〟を見たように感じられた。

ますます息苦しくなっていく母国を嘆く

この男性は政府の情報統制がこれまで以上に強まっているとも話す。

「新疆ウイグル自治区に住んでいる漢民族の友人の話では、現地では『習近平』と呼び捨てにするだけで警官に注意されたとか、ＳＮＳで政府に目をつけられている人のことについて、誰かと情報交換したら、それだけでアカウントが3日間停止されたそうです。日本に住む知り合いの中国人が、22年秋の共産党大会で胡錦濤元国家主席が退場する場面の動画を中国に住む友人に見せたところ、別に何も論評していないのに、中国に住む人のアカウントが数日停止になり、仕事に支障が出たそうです。

身近でこのようなことが起きているので、怖くてＳＮＳに何も書けなくなりました」

この男性は音楽も好きだが、音楽界にも政治が影を落としているという。

「私は黄明志というマレーシア出身の歌手が好きでよく聴くのですが、中国国内で聴こうとすると、10曲あるアルバムのうち、なぜか5番目と8番目がなくなっている。政治的な歌だからだと思いますが、これはどう考えても変でしょう?

この男性はふだん、VPN(バーチャル・プライベート・ネットワーク)を使用して、海外のSNSにもアクセスし、仕事で必要な世界情勢を把握しているが、それは、「中国ではどんどん情報が入手しにくくなっている」からだという。

「私の知り合いにも日本に移民した人がいました。(中国で)銀行で大金を下ろそうとすると、『いますぐは準備できないので、少し待ってください』といわれる。その間にその人を調べて目をつけられる。だから、最近では、大きなお金を動かしにくくなっています」

こういうと、男性はため息をつきながら、ちょうど、私と話していた時期に亡くなった江沢民元国家主席の話を始めた。

「彼の愛人だった人の名前、知っていますか。少数民族出身で、有名な歌手だった人。中国人だったら誰でも知っていますよ。以前、井戸端会議などで彼女のことが話題に上ったものですが、思い返してみると、あの頃はのどかな時代でした。

でも、いまの中国で、現役の政府高官の愛人の話を堂々とできますか。以前は政府の人事についても噂話ができたのですが、最近では庶民がそういう話を気軽にできる雰囲気ではなくなりました。中国人はだいぶお金持ちになったけれど、本当に幸せか、というと、私はそうではないと感じています」

お金はあるけれど、幸せそうには見えない人々

第1章に登場した女性も「週に何回、心から笑える日があるか、といわれたら、中国人よりも日本人のほうが多いと思う」と語っていた。ビジネスチャンスがあるから中国にたびたび帰るが、そうでなければ、あまり帰りたくないという在日中国人も増えてきている。

ある在日中国人女性は22年、20代のある中国人富裕層夫婦の日本旅行のアテンドをした。「お金持ちの子ども同士の結婚で、24歳と25歳でした。最近、中国の都市部やアメリカに住む中国人の間で、こういうカップルが増えています。以前のような『玉の輿』は、もうあり得ません。お金がある人は、そうでない人のことを見向きもしない。

彼らは不動産でも、宝石でも、自動車でも、欲しいものは何でも手に入れられるのです

が、私は数日間一緒にいて、ふと『彼らは本当に幸せなのだろうか？』という疑問を持ちました。いつも最高級のものに囲まれていて、それが当たり前。幸福を感じるハードルがとても高く、基準もお金しかない。少しのことでは幸せをまったく感じなくなっているのです。日本にいる間に訪れたUSJ（ユニバーサル・スタジオ・ジャパン）は、当然VIPチケットだし、レストランもミシュランの星つきなど、高級店ばかり。それでいて、安い公園で入場料がかかるとわかると、入るのをやめたりするので、笑ってしまいました。お金持ちってそういうものなのかもしれませんが、新婚の夫婦なのに、本当に幸せそうには見えなかったのが残念でした」

「真の先進国になれる日は遠い」

この在日中国人女性は、以前から中国で話題になっている「6億人の貧困問題」についても話した。20年5月に開催された全人代（全国人民代表大会）後の記者会見で、李克強首相（当時）が語った内容だ。

李首相は当時、記者会見の場でこう語った（一部抜粋）。

「中国は人口が多い発展途上国であり、中国国民一人当たりの平均年収は3万元（当時のレートで約45万5000円）。月収1000元（約1万5000円）の人が6億人いる」

この発言のあと、SNSでは「まさか、わが国にこんなに貧困層がいたとは信じがたい」「勇気のある発言。これが真実なのかもしれない」といった声が上がり、騒然となった。

報道後、中国メディアに掲載された専門家の分析や、日本メディアの報道を見ると、李首相の発言はややオーバーで、データとの乖離があることがわかり、「李首相の発言の意図は何だったのか」について深読みする記事が多かった。

19年、中国の一人当たりのGDPが初めて1万ドル（当時のレートで約108万円）を超え、ようやく中所得国の水準に達したばかりだったことは確かだ。

中国政府は17年、長期経済発展戦略を3段階に分け、その一つ目（17〜20年）を「小康社会の全面的完成」と位置づけ、20年末、それを達成したと発表した。小康社会とは「ややゆとりのある社会」のことで、政府は貧富の格差をなくそうと躍起になってきた。

21年の中国共産党創立100周年の記念式典の際も、習国家主席は演説で「小康社会の実現」を自慢げに述べていた。しかし、それでも、多くの中国人にとって、李首相の「6億人の貧困問題」発言が頭から離れないという。

先述の女性は「私の友人の間では、この問題がいまだに話題に上ります。『中国はまだ先進国とはいえない』とか『私たちはこういう（貧困層がまだ大勢いる）国に住んでいるのだ、ということを自覚すべきだ』など、いろいろな意見があります」と話す。

私も数年前、湖南省で出会った出稼ぎ労働者の娘の境遇について、その後訪れた北京の女子高生に話したところ、「出会ったことがないけど、私たちの国には、そんなに貧しい人がいるんですね。信じられない」と涙を流したことがあった。

上海に住む別の女性もこの李首相の発言にショックを受けたが、22年2月に中国で話題になった、首に鎖をつながれた女性の話も忘れられないと話した。

江蘇省徐州市の農村の小屋で、精神障害の疑いがある女性が首に鎖をつながれた状態で発見され、その女性が8人の子どもを出産していたことが判明した事件だ。

「いまの中国でこんな悲惨なことがあるなんて、信じられないし、恥ずかしい。私たちは一体どれほど、この国の奥深くで起きていることを知っているんだろうと思いました。

児童の誘拐、人身売買もまだあります。このような問題にずっと蓋《ふた》をし続けてきたことは大問題。中国がいくら経済大国になり、アメリカのGDPに近づいても、国民一人ひとりが幸せになれたのか、というと疑問です。

たとえお金持ちにはなれなくても、それなりに小さな幸せを実感できる社会になっているのかと、考えさせられました。そして、この国が真の意味で先進国になれる日は遠いと思いました」

「日本は漢方薬のようなもの」の真意

本書の取材で、中国人に日本についての話を聞いていたとき、彼らがよく口にしたのが「日本はアジアで唯一の先進国」という言葉だった。「日本は中国（のような国）とは違う」といった自虐的な意味合いのときもあれば、大好きな日本にエールを送り、「だから、（日本人は）もっと自信を持ってください」「日本に期待しています」という意味でいっていることも多かった。

かつての「仰ぎ見る存在」だった日本とはかなり変容しているとしても、本書でも紹介した通り、日本のパスポートはいまだに世界最強だ。それは私たち国民が長年かけて培ってきた信頼の証でもある。

経済の低迷が続いていて、給料も上がらず、国家としての存在感は薄くなっていくが、「日本人の素質（民度、マナー、素養）の高さ」は彼らにとって憧れであり、驚きであり、なかなか真似できないものと思われている。

とくに彼らが感じるのは日本人のいざというときの強さだ。ふだん、それを感じることはないが、未曽有《みぞう》の災害が起きたときの日本人の我慢強さ、団結力、他人に迷惑をかけない気遣いは、中国でしばしば語られる。

「中国人は、ふだんは一人ひとりが強く、勇ましく見えるが、いざというときはバラバラになり、我先にと一目散に逃げ出す」と分析した中国人もいる。

いまでも中国のSNSに最も多く流れる日本関連の動画は、小学生の子どもが一人で通学したり、給食当番をしたり、電車の中で読書したりしている姿だ。そうした動画は日本で拡散されることはなく、多くの日本人は中国でそんなことが話題になっていることを知らないが、中国で不動の人気を誇る「神コンテンツ」だ。

優秀な中国人であればあるほど、「日本は私たちの先生」という。

ある中国人は「中国人が日本の不動産を買ったり、企業買収したりするのを目の当たりにすると、日本人は恐怖心を覚えるかもしれません。でも、別の見方をすれば、日本には中国人がお金を出して買いたくなるものがまだたくさんあるということ。日本にはそれだけの価値があるということです」と話していた。

上海在住の男性がいっていた言葉が、強く印象に残っている。

「日本のよさは、1~2回旅行で訪れただけではわかりにくいのです。中国のような派手な高層ビルはないし、日本人は自己アピールをあまりしないので。

私はいつも中国の友人に日本のよさをこう説明しているんです。日本は漢方薬みたいなもの。1回で効果はないけれど、じわじわ効いてきて、やがてその虜になるのです」

あとがき

本書の執筆前、2022年に、とてもうれしい出来事があった。私が勝手に『中国人シリーズ』と呼んでいる本の二冊目、『中国人の誤解 日本人の誤解』（13年発行、日経プレミアシリーズ）で少し触れた日本人男性から、突然、「本を読みました」と連絡がきたのだ。私はその非常に珍しい姓を見て、一瞬で、その人といつ、どこで出会ったのかをはっきりと思い出した。

1990年2月、四川省の重慶市から湖北省の武漢市までの長江下りの船で知り合い、その男性を含む3人の日本人と数日間、道連れとなった。

当時、生活船に乗って旅行するような日本人はほとんどなく、私たち4人は船から見える観光名所「赤壁」や「白帝城」などを眺めているうちに親しくなった。

彼らは『三国志』の大ファンで、私と同じく大学の卒業旅行で四川省をバックパックで旅行していた友人同士だったが、その後は東京で一度再会して以来、30年以上も連絡が途絶えていた。

彼は、私が22年3月に出版した『いま中国人は中国をこう見る』をたまたま書店で手に取った。読み進めていく途中で、突然、この本の筆者は四川省の船の中で出会った日本人女性ではないか?と思い出し、当時のアルバムを引っ張り出して確認したという。

「中島さん、いまもずっと中国と関わっているんですね」

そう書いてくれた一文がとてもうれしく、私はそのメッセージとともに送ってくれた4人の記念写真を、その後も何度も見返しては励みにしている。

本書も、その写真を見ながら書き上げた。

うれしかったのは、私に連絡をくれただけでなく、中国と関係のない仕事をしているその人が、今も中国に関心を持ち、書店で何気なく私の本を手に取ってくれたことである。

おそらく、いま本書を手に取ってくださっている方々も、仕事で中国と深い関係がある方々だけでなく、一度だけ中国を旅行したことのある方や、社内に中国人の同僚がいる方、何となく書店で目に留まった方など、いろいろだと思う。

私はこの小さな出来事から、これまで中国各地で、多くの中国人、日本人と出会ってきたこと、そこで数えきれない会話をしてきたことを思い出した。

もう二度と会うことがなくても、元気に過ごしているだろうか。中国人で日本語がわかる人ならば、どこかで私の記事を読んでくれているだろうか、と想像した。

そして、私は、あの頃の純粋な気持ちを忘れず、今後、いつ彼らに再会しても恥じないような記事を書いていきたいという思いを新たにした。

本書では紹介しなかったが、私の『中国人シリーズ』の中で、とくに印象深い中国人が数人いる。

北京から東京に留学にきた張成氏はエリート一家で育ったが、在日10年を超え、22年に結婚。私が想像していたのとは違うキャリアを歩み始めた。

91年生まれの王剣翔氏は、米ワシントン大学に留学後、30代前半の若さながらアメリカの大学で教鞭を執っている。多忙を極めるが、米国に住む中国人として、独特の鋭い視点を持っており、いつも学ばせてもらっている。

もう一人、40代に入ったある男性は内陸部の都市に転居して数年になるが、昨年ガンが見つかり、手術を受けた。治療のため来日を望んでいたが、コロナ禍で医療ビザの取得に時間や費用がかかること、治療の猶予がないことから国内で手術し、現在は療養している。往来が自由にできるようになったら、真っ先に会いに行きたいと思っている。

広大な中国には14億人以上の人々が住んでおり、第1章に登場した「黒孩子《ヘイハイズ》」のように、日本人には想像もできないような壮絶な人生を歩んでいる人もいる。

私は一生かけても一握りの人としか出会えないが、今後も一人ひとりとの出会いを大切に、彼らの生き方、考え方、中国社会の変化などを日本人に紹介したいと思っている。

本書はほとんど書き下ろしであるが、一部、プレジデントオンライン、現代ビジネスオンライン、ダイヤモンド・オンライン、ヤフーニュース個人に掲載した記事を改稿、引用した。

最後に、本書の企画の立案から執筆まで、日経ＢＰの野澤靖宏氏には大変お世話になりました。ありがとうございました。

2023年3月

中島　恵

中島 恵 なかじま・けい

ジャーナリスト。1967年、山梨県生まれ。北京大学、香港中文大学に留学。主な著書に『中国人エリートは日本人をこう見る』『中国人の誤解 日本人の誤解』『なぜ中国人は財布を持たないのか』『日本の「中国人」社会』『中国人は見ている。』『いま中国人は中国をこう見る』(以上、日経プレミアシリーズ)、『中国人のお金の使い道』(PHP研究所)などがある。

日経プレミアシリーズ｜497

中国《ちゅうごく》人《じん》が日本《にほん》を買《か》う理由《りゆう》

二〇二三年五月 八 日 一刷
二〇二三年六月二三日 三刷

著者 中島 恵
発行者 國分正哉
発行 株式会社日経BP
日本経済新聞出版
発売 株式会社日経BPマーケティング
〒一〇五―八三〇八
東京都港区虎ノ門四―三―一二

装幀 ベターデイズ
組版 マーリンクレイン
印刷・製本 中央精版印刷株式会社

ISBN 978-4-296-11806-9 Printed in Japan

日経プレミアシリーズ 470

いま中国人は中国をこう見る

中島 恵

近隣諸国を脅かす覇権主義、人権問題などで世界から厳しい視線を浴びる中国。そんな母国に、中国人自身はどんな思いを抱くのか。日本やアメリカへの「上から目線」、政治的不自由への不安、競争経済が生んだ格差への不満と共同富裕への喝采……。ふだん本音で取材を受けることのない彼ら、彼女らが匿名を条件に何を語ったのか。見えざる隣国の真実がわかる一冊。

日経プレミアシリーズ 417

中国人は見ている。

中島 恵

日本人の「あたりまえ」が、中国人にはこれほど異様に映る！ 飲み会で豹変する上司にいら立ち、会議後の同僚の「ある行為」に感心。大阪に親しみを覚え、寿司店の「まかない」に衝撃を受ける――。日本を訪れた中国人は、この国の何に戸惑い、何に感動するのか。日中の異文化ギャップを多くのエピソードから探る。

日経プレミアシリーズ 393

日本の「中国人」社会

中島 恵

日本の中に、「小さな中国社会」ができていた！ 住民の大半が中国人の団地、人気殺到の中華学校、あえて帰化しないビジネス上の理由、グルメ中国人に不評な人気中華料理店――。70万人時代に突入した日本に住む中国人の日常に潜入したルポルタージュ。

日経プレミアシリーズ492

愛されるマーケ 嫌われるマーケ

日経クロストレンド 編

悪質なステルスマーケティングやおとり広告など、企業の信頼を大きく揺るがす大炎上がいくつも勃発。マーケターは今、自身が顧客に向き合う姿勢を再点検すべきとき。広告、商品開発、コミュニケーションなど多岐にわたるマーケ活動の中で、顧客との関係性をどう築くか。反響を呼んだ日経クロストレンドの厳選記事を新書化。

日経プレミアシリーズ491

テックジャイアントと地政学

山本康正

メタバースとWeb3が大きな話題になった2022年は、フェイスブックやツイッターが大量解雇を発表するなど、テックジャイアントの経営が曲がり角を迎えた年でもあった。また、ウクライナ侵攻によってテック業界の地政学リスクが一気に顕在化。シリコンバレーに拠点を置く著者が、海外の先端動向を紹介しながら、日本へのインパクト、企業や個人がなすべきことをわかりやすく解説。

日経プレミアシリーズ490

国費解剖

日本経済新聞社 編

9割が使途を追えないコロナ予備費、乱立する基金と塩漬けになる予算、コンサルに巨額を投じる委託事業……。財政悪化の一方で、膨張を続ける国家予算。その内実を紐解けば、莫大な政府の無駄遣いが明らかに。緻密な取材から国費のブラックボックスに迫り財政規律回復への道筋を探る大反響の日経連載を大幅加筆のうえ新書化。

日経プレミアシリーズ486

悪い円安　良い円安

清水順子

2022年初頭から急速に進行した円安について、為替相場、貿易収支、物価データなど様々なデータをもとに現状把握。なぜ「悪い円安」と言われるようになっているのかわかりやすく分析したうえで、円安を好機とする望ましい政策について提案する。

日経プレミアシリーズ480

世界食料危機

阮蔚

ロシアのウクライナへの軍事侵攻は、人類にとって欠くことのできない食料の供給が意外なほど脆弱であることをまざまざと見せつけた。なぜ両国の小麦やトウモロコシなどが世界の穀物貿易の鍵を握るようになったのか、さらには世界で進む穀物の生産・貿易・消費の地殻変動や脆弱性など危機の背景をわかりやすく解説する。

日経プレミアシリーズ485

災厄の絵画史

中野京子

パンデミック、飢餓、天変地異、戦争……人類の歴史は災厄との戦いの歴史でもある。画家たちは、過酷な運命に翻弄され、抗う人々の姿をキャンバスに描き続けてきた。本書は、そんな様々な災厄の歴史的背景を解説しながら、現在も人々の心をつかむ名画の数々を紹介する。ベストセラー「怖い絵」シリーズ著者による意欲作。